Domaine étranger

collection dirigée
par
Jean-Claude Zylberstein

LE JOUR DE GRÂCE

Dans la même collection

SATYAJIT RAY
La nuit de l'indigo et autres nouvelles

ELIZABETH VON ARNIM
Vera

FRANZ ZEISE
L'Armada

PÉTER NÁDAS
Amour

NATHANIEL HAWTHORNE
La Lettre écarlate

GLADYS HUNTINGTON
Madame Solario

ARTHUR SCHNITZLER
Le Retour de Casanova

TOBIAS G. SMOLLETT
Roderick Random

ROBERT VAN GULIK

LE JOUR DE GRÂCE

Avec sept dessins de l'auteur

Traduit de l'anglais et présenté
*par Philippe M*ᴇʏɴɪᴇʟ

Note et bibliographie
par Jean-Claude Zylberstein

Post-scriptum de l'édition américaine
par Janwillem van de Wetering

Paris
Les Belles Lettres
2013

Titre original
The Given Day

© Héritiers Van Gulik.

© 2013, pour la présente édition,
Société d'édition Les Belles Lettres,
95 bd Raspail 75006 Paris.
www.lesbelleslettres.com

ISBN : 978-2-251-21010-0

Une énigme hollandaise :
La quatrième vie de Robert Hans van Gulik

Diplomate, érudit, auteur de roman à succès, Robert van Gulik a vécu trois vies et, de quelque façon que l'on décrypte ces vies, *Le Jour de grâce* se trouve décalé et présente un aspect, en apparence marginal, mais en fait absolument fondamental, de son œuvre et de sa personne[1].

En effet, *Le Jour de grâce* est le seul de ses romans dans lequel van Gulik traite directement de sa « hollandité » et du rapport que ce pays, ses habitants, et, pour lui-même sa famille et ses ancêtres, ont eu avec l'Orient, principalement la colonie des Indes néerlandaises. Son grand-père paternel, très marqué par la spiritualité, s'est fortement intéressé

1. Deux biographies de R. van Gulik (1910-1967) ont été traduites en français. La première, *Van Gulik : Sa vie, son œuvre*, publiée en 1987 a été traduite en français en 1990 dans la collection 10-18. Elle a été écrite par Janwillem van de Wetering, écrivain et auteur de romans policiers comme van Gulik. L'autre, *Les Trois Vies de Robert van Gulik Une biographie*, de C. D. Barkman et H. de Vries, a été publiée en 1993 et traduite en français en 1997 aux éditions Christian Bourgois.

aux religions orientales et son père, médecin militaire, a longtemps été en poste à Java. Robert van Gulik est le seul d'entre ses frères et sœurs à ne pas être né hors des Pays-Bas. Le poids de l'histoire, nationale et familiale, la responsabilité héritée des ancêtres, bref le karma collectif pèse sur les épaules de van Gulik comme sur celles de Johan Hendriks, le héros du *Jour de grâce*.

J. van de Wetering, toujours généreux, accorde à van Gulik de multiples personnalités[2]. « Gentleman hollandais », « mandarin occidental ». Il présente plusieurs personnes, plusieurs masques et Wetering nous rappelle que « personna », en latin, est le mot qui désigne les masques du théâtre antique. Si comme Flaubert affirmant être Emma Bovary, van Gulik affirme être Ti, il a aussi de nombreuses correspondances avec Johan Hendriks, le personnage principal, et narrateur, du *Jour de Grâce*.

Ce court roman est sa seule œuvre de fiction n'appartenant pas à la série des Ti. C'est un roman policier dont l'intrigue se situe à Amsterdam à l'époque de sa rédaction, donc au début des années 1960. L'édition anglaise porte en sous-titre la notation : *An Amsterdam Mystery* (un roman policier se situant à Amsterdam) écho à la présentation des Ti comme des romans « chinois »[3]. L'opposition entre ces deux mondes est donc marquée dès avant le début de l'histoire.

2. J. van de Wetering, opus cité, page 87.
3. Du moins pour les cinq premiers titres de la série qui, en anglais, sont tous construits de la même manière : *The Chinese Maze/Bell/Lake/Gold/Nail Murders* : respectivement *Le Mystère du labyrinthe, Le Squelette sous cloche, Meurtre sur un bateau-de-fleur, Trafic d'or sous les T'ang* et *L'Énigme du clou chinois*.

Van Gulik introduit, en plus de cette dimension néerlandaise, un autre influence dans ce roman : son rapport avec le Moyen-Orient. Il a été rarement abordé dans son œuvre « chinoise »[4]. Van Gulik, esprit universellement curieux, s'est retrouvé en poste en Égypte durant la guerre puis au Liban entre 1956 et 1959. Il en a gardé un intérêt pour la culture arabe et le livre saint du Coran qu'il utilise ici. Les méchants, en effet, sont les hommes de main d'un sheikh égyptien qui, sous l'aspect d'un saint homme, n'est rien d'autre que le chef d'un gang criminel. Cette influence de la culture arabo-islamique se ressent dans les illustrations. Les dessins dont van Gulik, comme toujours, illustre ses romans ne sont plus ici « chinois », mais des compositions géométriques, dans lequelles il introduit parfois ces silhouettes féminines nues qui n'ont pas été pour rien dans les tout premiers succès des livres du juge Ti.

Van Gulik a rédigé *Le Jour de grâce* en néerlandais durant son dernier grand séjour aux Pays-Bas entre la fin de son ambassade en Malaisie (1959-1962) et sa nomination comme ambassadeur à Tokyo en 1965. Si Barkman et de Vries ne consacrent que quelques lignes au *Jour de grâce,* van de Wetering est beaucoup plus prolixe[5]. À l'origine de la réédition des livres de van Gulik aux Pays-Bas dans les années 1970, il postface la réédition américaine du *Jour de grâce* et, dans sa biographie de van Gulik lui consacre presque l'intégralité d'un chapitre. À sa sortie en 1964, chez Van Hoeve, le livre déroute la critique qui n'y retrouve pas

---

4. *Murder in Canton*, publié en 1966 (traduction française en 1968 pour Le Club du Livre Policier sous le titre *Meurtre à Canton*) se situe dans le milieu des marchands arabes du grand port de Canton.

5. C. D. Barkman, opus cité p. 197.

les ingrédients chinois des histoires du juge Ti. Van Gulik traduit lui-même son livre en anglais et en assure une édition à très petit tirage – environ 300 exemplaires – à Kuala Lumpur. Le livre est de nouveau publié aux États-Unis en 1984 avant d'être traduit en France[6]. Roman particulier et aux résonances intimes, *Le Jour de grâce* est resté jusqu'à présent beaucoup plus confidentiel que les enquêtes du juge Ti.

Ici, les ponts sont différents…

*A*insi débute cet étrange roman. Dès les premiers mots, le problème est posé, celui d'un homme entre deux mondes, entre deux vies, Johan Hendriks, né à Amsterdam le 12 mars 1914, donc quatre ans après van Gulik. Fonctionnaire colonial dans les Indes néerlandaises, l'Indonésie actuelle, il est capturé par les Japonais lors de l'invasion de ce territoire en 1942. Prisonnier, confondu avec un autre Hendriks travaillant pour les services secrets hollandais, il subit la torture que lui inflige un responsable de la Kempetai, la police militaire japonaise, le capitaine Uyeda, ancien étudiant zen. Libéré, Hendriks traverse difficilement la période troublée durant laquelle les Néerlandais luttent contre les mouvements nationalistes qui souhaitent l'indépendance et, après sa proclamation, en 1949, revient au pays. Traumatisé dans son corps comme dans son esprit, il travaille comme comptable à Amsterdam lorsque se produit l'incident qui va lui permettre de surmonter les souvenirs douloureux de son passé.

6. Sous le titre *The Given Day,* chez McMillan à 300 exemplaires avant d'être réédité, toujours chez McMillan en livre de poche en 1986. Traduction française chez U.G.E. 10/18, en 1992.

Hendriks, prototype du colonial déraciné, est un personnage pathétique. Il va traverser les épreuves de cette histoire, et parvenir à leur survivre, pour se retrouver à la fin dans la même situation qu'au début, du moins en apparence. Même environnement, même travail, même solitude. Le changement que nous allons suivre tout au long de l'histoire est intérieur. Il va se terminer par une victoire personnelle. Ce voyage intime, van Gulik l'accompagne en donnant directement la parole à son héros.

En effet, le roman, à part quelques paragraphes où Hendriks parle de lui-même à la troisième personne, est écrit à la première personne, marquant là aussi une rupture nette avec les enquêtes du juge Ti et renforçant le caractère possiblement autobiographique du livre[7]. Bien entendu, van Gulik n'est pas Hendriks. Van Gulik, dans ses différentes vies a toujours été un gagnant, capable de faire face et de contrôler, d'une certaine façon, les événements. Diplomate accompli, érudit reconnu, auteur à succès comme on l'a écrit, il fut aussi un mari heureux et père d'une famille nombreuse. Hendriks, lui, est un perdant, balloté par les événements et les malheurs qui s'accumulent. Van Gulik a dû connaître autour de lui, en Asie comme aux Pays-Bas, certains de ses compatriotes moins chanceux que lui, moins forts aussi. Il aurait pu être Hendriks et passer par les horreurs que celui-ci a subies et dont il se sent personnellement responsable.

Hanté par la culpabilité, Hendriks retrouve tous les soirs dans sa chambre meublée les fantômes de son passé : ses

---

7. Étonnant aussi du point de vue de la composition, dans le quatrième chapitre, *Les Sandales du Sheikh*, van Gulik change de narrateur, cédant la parole à un des méchants de l'histoire, Achmad, avant de la redonner à Hendriks.

deux épouses mortes, Effie et Lina, sa fille Bubu, morte elle aussi, et le capitaine Uyeda, pendu après la libération du camp de prisonniers dans lequel Hendriks a été interné durant la guerre. Solitaire, il s'astreint à un travail répétitif qui lui permet d'arriver tout juste à se lever chaque matin.

> *La pluie tombe du toit dans la ruelle déserte.*
> *Le matin, je reste au lit, incapable de me secouer,*
> *Songeant à mon foyer si loin, je suis rempli de tristesse*[8].

Hendriks est à la croisée des chemins. Par deux fois, dans le roman, le personnage s'arrête, en haut de l'escalier de la maison dans laquelle habitent les méchants, et la femme qui lui rappelle sa seconde épouse, Lina, à côté d'une sculpture du dieu romain Janus, le dieu aux deux visages. Dieux des portes, des ponts pourrait-on dire, il est à la fois tourné vers le passé et vers le futur. Si ces scènes ne prennent que quelques lignes dans le roman, elles sont fondamentales pour nous faire suivre le parcours mental du héros. Comme pour souligner cette importance, van Gulik intitule le sixième chapitre de son livre *Le Janus de l'escalier*.

Hendriks, dans sa quête spirituelle, va finir par avoir l'illumination – « satori » en japonais – que le passé tout comme le futur ne sont rien et que le présent seul importe. Ce parcours, il le fait, paradoxalement, grâce à son bourreau, le capitaine Uyeda qui, ancien étudiant zen dans le Japon d'avant-guerre a été chassé par son maître car il n'arrivait pas à trouver la réponse à une énigme que celui-ci lui avait posé : comment faire fondre la neige du mont Fuji. Uyeda,

8. Wetering, opus cité p. 20 et 129.

au moment d'être pendu, et alors que Hendriks a été désigné pour lui passer la corde au cou, a confié à sa victime cette énigme, comme à un disciple.

Le Jour de grâce, roman policier à la Simenon, plein de l'odeur acre du genièvre, de la sciure des bars enfumés d'Amsterdam, de celle des pavés mouillés et de l'eau des canaux, devient un roman spirituel. Comment échapper au cycle de la douleur et parvenir à une forme d'harmonie.

La naissance est le commencement de la souffrance,
La vie est la continuation de la souffrance.
Mourir sans jamais renaître est l'unique chemin
Qui mène à l'extinction de toute souffrance[9].

À une époque où la philosophie orientale était encore peu connue en Europe, van Gulik signe un polar zen avant la lettre, introduisant une dimension mystique qui a surpris la critique de l'époque. Le bouddhisme zen, et sa pratique des koans, ces énigmes souvent saugrenues que les élèves doivent parvenir à résoudre pour pouvoir progresser dans leur compréhension d'eux-mêmes, est alors très peu populaire et son intrusion dans l'univers du roman policier n'est pas acceptée. Il sous-tend cependant tout le livre et explique la marche de Hendriks vers l'acceptation du passé et de lui-même qui lui permet de revenir au présent. En parvenant à comprendre l'énigme que son bourreau, le capitaine Uyeda, n'avait pu résoudre – et qui, chassé de son monastère l'a poussé à vivre une autre vie et à devenir tortionnaire, et à être finalement exécuté en

9. Wetering, opus cité, p. 94.

tant que criminel de guerre –, Hendriks se sauve et sauve celui-ci dont il a repris le fardeau.

Van Gulik, dans une note à la fin du roman, explique lui-même ce que sont les koans et le sens religieux de son livre : *Le zen (…) est une méthode pour atteindre le salut, une méthode qui ne peut être apprise dans les livres mais uniquement par la vie elle-même. Il culmine dans une illumination soudaine (Tun-Wu en chinois, Satori en japonais), éveil à un monde nouveau, à une réalité ultime où toutes les valeurs sont fondamentalement changées. Cette expérience ne peut être qu'individuelle. Cependant, le maître zen peut aider son disciple en lui posant des questions précises et concises, des problèmes zen que l'on appelle kung-an (koan en japonais). La phrase sur la neige du mont Fuji est un exemple de kung-an. Puisque le zen est essentiellement une méthode, son champ d'action est universel. Dans ce roman, il est le pont par lequel le principal personnage revient à sa propre foi chrétienne.*

Si l'on en croit van de Wetering, Robert van Gulik n'a jamais été, contrairement à son grand-père, un homme particulièrement religieux. Il s'est intéressé aux religions orientales en tant que fondement de la culture de la Chine et du Japon, en particulier le bouddhisme zen et le taoïsme. Il pense aussi qu'à l'époque où il écrivait *Le Jour de grâce*, déjà taraudé sans doute par la maladie qui allait l'emporter, il a pu trouver un certain réconfort dans le tao. Wetering, en écrivant sa biographie de van Gulik, a consulté, à la Mugar Library de Cambridge, Massachussetts, quatre boîtes contenant des documents concernant van Gulik. Parmi ceux-ci, de très nombreux poèmes traduit du chinois par celui-ci. L'un d'eux dit :

Vous ne pouvez pas dire que le tao existe
Et vous ne pouvez pas dire qu'il n'existe pas
Mais vous pouvez le trouver dans le silence
Si vous n'êtes plus préoccupé par des affaires
importantes[10].

Note biographique

Né et mort en Hollande, Robert Hans van Gulik (1910-1967) passe la plus grande partie de sa vie hors de celle-ci, principalement en Extrême-Orient. Il n'a en effet vécu qu'une vingtaine d'années en Europe tandis que ses séjours en Asie recouvrent plus d'une trentaine d'années dont près de vingt au Japon et en Chine en tant que diplomate où sa carrière culmine et s'achève avec le poste particulièrement important d'ambassadeur au Japon. Il vit aussi une dizaine d'années en Asie du Sud-Est, d'abord en Indonésie, alors Indes néerlandaises, où, entre 1915 et 1923, il fait sa scolarité primaire, découvre le chinois et tombe amoureux de cette langue, plus tard en Malaisie où il est ambassadeur.

Sa longue et brillante carrière diplomatique le mène aussi au Moyen-Orient, en Afrique, en Inde et aux Etats-Unis.

Fasciné très jeune par les caractères chinois qu'il voit sur les enseignes des échoppes de Surabaya et de Batavia, dans l'île de Java où vit une importante communauté chinoise,

10. J. van de Wetering, *Postcript* de l'édition de *The Given Day,* McMillan, 1986, p. 138.

van Gulik commence à apprendre le chinois. Il va avoir, toute sa vie durant, une aisance pour l'étude des langues et une volonté farouche de comprendre et parler celles utilisées dans les pays où il est en poste ou celles que son champ d'étude rend nécessaires. Si ces biographes s'accordent pour souligner qu'il a toujours conservé un très fort accent hollandais, il maîtrise, outre certaines langues européennes comme l'anglais et le français, le chinois, le japonais, le malais, le tibétain, le mongol, le sanskrit… Ces connaissances linguistiques sont à l'origine de son travail d'érudition. D'un lexique anglais/pieds-noirs (langue d'une tribu d'Indiens des Grandes Plaines des États-Unis), en 1930, à son dernier ouvrage, sur les gibbons, en 1967, van Gulik a publié une vingtaine d'ouvrages hautement spécialisés, souvent mais pas toujours en relation avec les civilisations extrême-orientales, chinoise et japonaise et des dizaines d'articles. Son œuvre la plus célèbre, *La Vie sexuelle dans la Chine ancienne* a été traduite en français[11]. Ces livres ont été écrits en néerlandais, en anglais ou directement en chinois.

C'est aussi son intérêt pour tout ce qui touche à la Chine qui le met en contact avec le juge Ti, personnage historique de la Chine des T'ang qui va devenir, sous sa plume, un des grands détectives dont les histoires, dix-sept en tout, seront traduites dans de nombreux pays et connaîtront de multiples rééditions. Le premier volume, écrit en anglais, fut, en 1950, *The Chinese Maze Murders*. Une traduction en japonais, et une en chinois faite par van Gulik lui-même

---

11. *Sexual Life in Ancient China,* Brill, 1961. Traduction française, Gallimard, 1971.

parurent en 1950 et 1953[1]. La dernière histoire du juge Ti, *Poets and Murders*, qu'il termina quelques jours avant sa mort, a été éditée à titre posthume en 1968[2]. En contre-point, *Le Jour de grâce*, œuvre unique, éclaire l'ensemble.

Philippe Meyniel

1. Traduction française chez U.G.E. 10-18 pour la série Grands Détectives dirigée par Jean-Claude Zylberstein sous le titre *Le Mystère du labyrinthe,* 1985.

2. C. D. Barkman, opus cité, page 339. Il s'agit de *Assassins et poètes,* U.G.E. 10-18, 1985.

LE JOUR DE GRÂCE

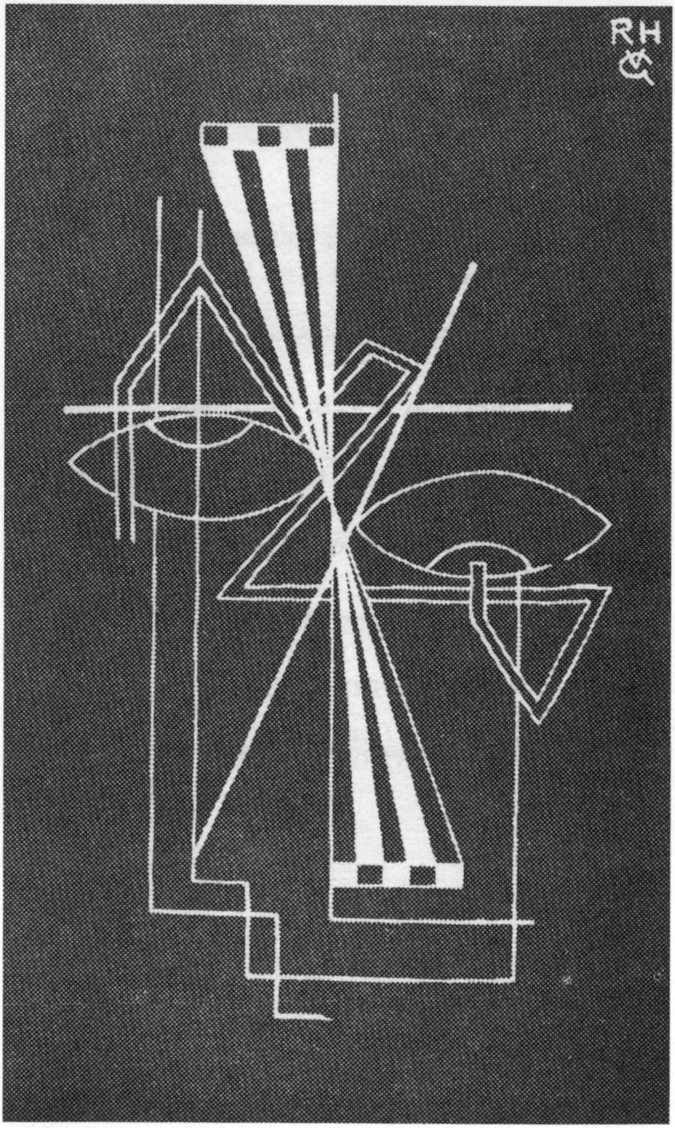
RH

La fausse adresse

— Ici, les ponts sont différents, Lina. Là-bas, dans le centre, nous avions aussi des ponts et des canaux mais ici, à Amsterdam, un pont sur un canal, c'est une autre histoire. Ils ne sont jamais semblables : ils changent avec l'heure de la journée et l'époque de l'année.

— Et selon ton humeur, je suppose, dit-elle d'un ton égal.

Elle replace une mèche de ses cheveux noirs sous l'élastique de son chapeau rouge mouillé par la bruine. L'hiver ne veut pas mourir. Nous avons eu un mois de janvier blanc et février est pluvieux, humide et froid. Elle s'accoude à la rambarde du pont et regarde vers le vieux canal bordé par les minces silhouettes des lampadaires et par une rangée d'arbres dénudés. Un écran de pluie voile les façades à pignon des hautes et étroites maisons. Les rares passants marchent rapidement le long des murs, la tête penchée.

Soudain, elle tourne ses grands yeux noirs vers moi et déclare pensivement :

— C'est étrange, nous ne sommes ici que depuis six semaines mais j'ai l'impression que cela fait beaucoup plus longtemps et que cette bruine tombe depuis des mois.

Cela serait inimaginable à Java, même pendant la mousson. Lorsque nous étions assis sous la véranda, nous ne pouvions distinguer le jardin à travers le rideau de pluie. Te souviens-tu ? dit-elle en baissant la voix.

Je me souviens. Cela date de bien plus de six mois, des années en arrière en fait, mais je me souviens des jours de pluie et des jours brûlants de soleil. Je me souviens des premiers jours et je me souviens des derniers. Du premier et du dernier surtout mais aussi de tous les jours entre ces jours. Je les conserve dans ma mémoire car je les ai tous reconstitués avec application, ces jours et ces nuits, les choisissant avec soin dans le passé, un par un. Je peux donc jongler avec ces souvenirs sans oublier un seul détail, debout à côté d'elle sur le pont du canal, parlant avec cette femme qui est morte.

Elle soupire et dit d'un air songeur :

— J'aime ces vieilles maisons solennelles, leurs auvents, leurs portes surélevées et leurs étranges rampes d'escalier en acier. Regarde, elles semblent s'incliner, elles se penchent presque tendrement au-dessus du canal. Pourquoi devrions-nous partir d'ici ?

Je connais parfaitement ma réplique.

— Tu ne seras jamais chez toi ici, Linette, et je m'y sens moi-même étranger. Mes parents sont morts, ma famille et mes vieux amis sont morts ou sont partis. Il n'y a que toi et moi. Nous serons heureux là-bas, mon amour.

As-tu frissonné alors ? Je ne sais plus. Mais, ce dont je suis sûr, c'est que tu as appuyé ton épaule contre la mienne, sur ce pont au-dessus du canal : un couple solitaire dans la bruine de février, au crépuscule.

— Ne repartons pas, as-tu dit, restons ici, à Amsterdam, dans ta ville. Avec tes connaissances en droit et ton expérience, tu peux trouver du travail, n'est-ce pas ? Pourquoi retourner à Java que j'en suis venue à détester et où Effie…, où Effie est morte ?

— Et pourquoi rester à Amsterdam où j'ai rencontré Effie et où j'ai fait l'amour avec elle pour la première fois ?

Quelles forces nous poussent à dire de telles choses à la femme que l'on aime, des mots qui blessent : m'adressant d'abord à Effie, dans les premières années, puis à Lina, plus tard. Pourquoi les dire aux femmes que j'ai aimées et qui sont mortes ? J'essaie de tirer sur ma cigarette mais elle s'est éteinte. Je jette le mégot mouillé dans l'eau sombre du canal, rabats le plus possible le bord de mon chapeau de feutre et relève le col de mon mackintosh. Il ne fait pas encore nuit. Mon existence nocturne ne devrait pas avoir commencé. Lina ne devrait pas être là, pas si tôt. Effie non plus d'ailleurs. Mais peut-être est-elle en avance parce que nous sommes le 28 février, le dernier jour d'un triste mois de février, froid et humide. C'est un 28 février, bien des années plus tôt, que j'ai dit à Effie que je l'aimais. Je la raccompagnais chez elle. Je me suis arrêté sous un lampadaire et je me suis déclaré. Elle a rapidement regardé à droite et à gauche et elle m'a embrassé. Nos joues étaient froides et humides à cause de la pluie et ses lèvres étaient chaudes et humides. Oui, il était presque six heures et il n'y avait personne dans la rue sinon elle ne m'aurait jamais embrassé ainsi, dans la lumière du lampadaire. L'horloge, sur le trottoir, indique qu'il est à présent six heures moins cinq. Encore une heure : une heure pendant laquelle je dois empêcher ma vie nocturne de l'emporter sur ma vie diurne. À sept heures, je serai au club en train de dîner avec mes trois amis, en sécurité. Nous mangerons ensemble à la table du coin, la plus confortable, près de la cheminée. Encore une petite heure à tenir. Un verre m'aiderait, peut-être.

Je traverse le pont bombé, lâche un juron en glissant sur le pavé mouillé. À travers le crachin je repère une lueur rougeoyante au-dessus d'une porte, plus bas dans la rue : l'enseigne d'un bar.

C'est un pub à l'ancienne mode, très petit, très chaud, avec exactement l'odeur que l'on attend dans un tel lieu, un mélange âcre de genièvre, de laine humide, de tabac et de sciure. Une demi-douzaine d'hommes se serrent devant le haut comptoir de bois bien astiqué. Il n'y a pas de sièges. Personne ne vient ici pour s'asseoir. Chacun y vient pour boire, car chacun a besoin de boire, tout comme moi maintenant. Mes yeux sont voilés et mon cœur frappe contre mes côtes comme toujours dans les mauvais jours, ces jours où je crains de perdre le contrôle du passé, lorsque mes pensées s'égarent en de délirants zigzags ou en tourbillons sans fin. Je trouve une place entre une épaule en bleu marine et une épaule en tweed rêche et usé.

La main large et velue du tenancier pose un verre à pied devant moi. Tout en remplissant celui d'Épaule bleu marine, il demande d'une voix rocailleuse :

— Et pourquoi aujourd'hui serait-il différent ? Pour moi, c'est un jour comme les autres.

— Parce que demain signifie du fric, dit l'homme en bleu marine d'une voix haute et flûtée. Un jour de rab, pour moi.

Le limonadier grogne :

— Vieux ou jeune ? me demande-t-il.

— Du vieux genièvre.

— Pour moi, c'est simplement un jour de travail en plus, rouspète Épaule de tweed, vu que je suis payé au mois. Ressers-moi, Jan.

— Tu ne devrais pas te plaindre, remarque le patron avec aigreur. Travailler pour la municipalité, cela veut dire un revenu régulier et une belle retraite.

— Quand tu prendras ta retraite, dit Épaule bleu marine de sa voix haut perchée, tu t'achèteras une vraie maison, dans l'avenue des richards.

Il éclate de rire.

La chaleur de l'alcool se propage lentement dans mes membres glacés. Je commence déjà à me sentir mieux et j'ose élargir le champ de ma vision. Relevant la tête, je remarque que le tenancier est une force de la nature, coincé entre le comptoir et les hautes étagères où, derrière son dos de géant, brillent les rangées de bouteilles. Il a le visage couperosé et une moustache tombante. Machinalement, il renouvelle ma consommation tout en jetant un regard en coin à l'homme en bleu marine.

Quelqu'un, à l'autre bout du comptoir, lance une plaisanterie. Je ne la comprends pas mais je ris avec tout le monde et vide ma troisième consommation. Pourquoi m'en faire ? Chaque homme n'a-t-il pas une double vie ? D'un côté la vie de tous les jours, la routine et, de l'autre l'existence que nous souhaiterions ou pourrions vivre si seulement nous avions un peu plus de courage. Et ces secondes vies sont importantes car ce sont elles qui nous offrent refuge dans les moments de doute et d'angoisse. De plus, dans mon cas, cette seconde vie est un droit absolu. J'ai le droit de reconstituer le passé parce que c'est la seule manière de prouver que je ne suis pas un assassin. Comment pourrais-je être un meurtrier, moi qui déteste, qui abhorre la violence et la cruauté ? Effie est morte, la petite Bubu est morte et Lina est morte. Mais ce ne furent que des erreurs. Et j'essaye de les comprendre, la nuit.

Dans la journée, je suis un paisible ancien fonctionnaire colonial qui mène une existence calme, bien ordonnée : je suis comptable au Byenkorf, le grand magasin. Dans mon petit bureau vitré, je remplis les colonnes de mes grands livres bien tenus : c'est un travail régulier et apaisant, parce que ces calculs ont une utilité, une utilité bien précise. À quatre heures et demie, je rentre dans mon modeste meublé où je lis les journaux du soir jusqu'à ce que ma vieille logeuse m'apporte mon repas quelconque. Je le prends sur le bureau. Lorsqu'elle est partie et que j'empoigne couteau et fourchette, ma seconde vie commence. Parfois Effie s'assoit en face de moi, parfois Lina. Jamais la petite Bubu, évidemment. Elle mange d'abord, avec sa nurse javanaise. Je dis alors tous les mots que j'aurais dû dire et que je n'ai jamais prononcés et j'écoute avec attention tous les mots qu'elles disent et auxquels j'aurais dû prêter attention. J'ai le temps, maintenant, tout le temps du monde. Certains soirs, Effie et Lina ne viennent pas. Alors, j'écoute un bon concert à la radio et je lis : des ouvrages sérieux qui traitent de philosophie ou de religion. Sur le bouddhisme surtout car il enseigne que la vie est souffrance. Jamais de livres d'histoire. Les travaux historiques me donnent une impression d'inutilité, de creux au plus profond de l'estomac. Ils me rappellent qu'il n'y a pas, qu'il n'y a jamais eu de finalité. Les autres livres m'apaisent et m'aident à tuer le temps lorsque mes visiteuses ne viennent pas et que je reste seul. Je lis ces livres d'une manière totalement impersonnelle parce que leurs mots ne m'atteignent pas. Leur discours est-il faux ou est-ce mon approche qui est fausse ? L'un ou l'autre. J'ai l'esprit large en ce domaine.

Le quinze et le dernier jour de chaque mois, je me rends au club pour dîner avec mes trois amis : le docteur, l'avocat et le journaliste. Le docteur est catholique, l'avocat protestant, le journaliste est quelque chose entre les deux et moi je ne suis rien. Un désir commun de conversation impersonnelle sur des sujets impersonnels nous réunit. Nous ne savons presque rien de nos vies privées.

Un éclat de rire bruyant me tire de mes pensées. Le tenancier a posé son gros index sur la feuille tachée du calendrier mural, en dessous de la date d'aujourd'hui : le 28. Il déclare d'une voix mauvaise :

— Et alors, j'ai dit à ce sale grincheux : regarde ici, tu peux voir la date toi-même, non ?

Il retire son doigt.

— Mais alors…

Je n'entends pas le reste. En enlevant son doigt, il a découvert une grande inscription, celle du 29. Elle s'élargit de plus en plus devant mes yeux horrifiés. Une sueur froide perle sur mon front. Cette année est une année bissextile et février, naturellement, a vingt-neuf jours. Ce soir, entre tous les soirs, je ne pourrai pas dîner au club. Je serai seul, seul avec le passé qui échappe à mon contrôle.

Une panique atroce me soulève l'estomac. Je ne peux être malade ici, dans ce bar. Je dois sortir, vite. Je parviens à demander au patron ce que je lui dois et je paye. La dernière chose que je vois alors que je m'enfuis, c'est que l'espace entre l'épaule en bleu marine et celle en tweed s'est refermé. Je n'existe plus.

Le vent froid frappe mon visage brûlant. La pluie ne tombe plus et dehors beaucoup de gens marchent rapidement, la tête penchée. Je les imite et je me dépêche, le front bas. Je tire le plus possible le bord de mon chapeau sur mon front. D'habitude, personne ne me regarde une seconde fois : un homme grand et mince, les tempes argentées, les yeux gris avec une petite moustache grise : un type gris et neutre. Mais, dans mes mauvais jours, je dois faire attention car alors je pense tout haut et mon visage se marque d'une longue trace rouge, en plein milieu du front, là où un garde-chiourme japonais m'a frappé avec la crosse de son fusil, juste un petit peu trop fort. Les autres cicatrices n'ont pas d'importance. Elles sont sur le dos, les bras et les jambes et elles ne se voient pas.

De temps à autre, je lève les yeux dans l'espoir de trouver une ruelle moins animée. Mais je vois seulement la longue rue fortement éclairée devant moi, encombrée de voitures et de piétons. Je sais par expérience qu'il n'existe qu'un seul moyen pour calmer les pensées qui m'entraînent dans leur spirale tourbillonnante : parvenir à me concentrer sur des faits simples et concrets. C'est ainsi. Un jeune et agréable fonctionnaire civil destiné à l'administration coloniale a passé ses examens de fin d'études à l'université de Leyde (avec félicitations), en droit indonésien et en langue arabe. Alors qu'il se reposait dans la maison familiale, à Amsterdam, il fit la connaissance d'une gentille jeune fille, grande et blonde, tout juste diplômée en économie. Elle fut acceptée par le père du jeune homme, un chirurgien plutôt cynique, et par sa mère, une personne effacée et distante. Ils s'entendirent bien avec les parents de la jeune fille, un médecin de famille submergé de travail mais chaleureux et sa femme, une ménagère à l'esprit pratique. Le père du jeune homme disserte sur les cas intéressants de sa clinique tandis que celui de la jeune fille parle des problèmes de ses patients nécessiteux. La mère de la jeune fille fait l'éloge de nouvelles recettes pour mettre les légumes en conserve, celle du prétendant écoute, polie mais distante. Le jeune homme se fiance avec Effie, l'épouse et part avec elle pour Java.

Il devient l'assistant de l'officier de district dans une jolie petite ville javanaise. C'est leur première expérience des tropiques mais ils aiment la politesse des indigènes et la douceur de leur voix. Chaque matin, ils prennent le café sur le gazon et la rosée est fraîche à leurs pieds chaussés de sandales. Des colombes grises chantent dans leurs cages de bambou, le long des avant-toits de la maison blanche, derrière eux. Le trajet en bicyclette jusqu'à son bureau est chaud et poussiéreux mais le travail est intéressant, varié. Il l'aime et il aime aussi les gens avec lesquels il doit coopérer. La fraîcheur revient avec la nuit et les jeunes mariés ont de longues conversations dans l'intimité de la moustiquaire qu'ils partagent. Effie me confie, d'abord timidement, puis avec plus d'assurance, les croyances solides dans lesquelles elle a été élevée. Elle me montre le livre à couverture de cuir qu'elle avait gardé caché, me le tend avec quelque appréhension parce qu'elle m'a entendu dire, un jour, qu'il était essentiellement un objet de recherche historique. Sur la page de garde, son père a écrit ces mots : « Pour notre Ève, pour guider sa conduite et assurer son réconfort. » Je l'embrasse et je ne suis pas loin, alors, de partager sa foi tranquille. La maisonnée tourne sans heurts sous la conduite calme et efficace d'Effie. Elle apprend la langue du pays, avec application, en utilisant un petit guide de conversation qu'elle conserve toujours avec elle dans sa bourse à clefs et les serviteurs indigènes l'écoutent avec une patience respectueuse. Juste au moment où je commence à me demander si cette existence calme et amicale est tout ce que la vie peut offrir, Effie tombe enceinte. Lorsque Bubu, notre petite fille, naît, je retrouve en elle la fillette robuste qu'Effie a dû être avec ses cheveux drus et blonds, ses grands yeux bleus sérieux. La vie me semble de nouveau bonne et intéressante et j'étouffe le doute en travaillant beaucoup. J'entreprends de grandes tournées d'inspection, quadrille avec soin mon district, fais beaucoup d'enquêtes sociologiques et, chaque soir, jusque tard dans la nuit, je mets au propre mes recherches.

Enfin, je les regroupe dans mon rapport : « De la suppression de l'opium et des sujets connexes ». Mon rapport est apprécié par le gouvernement à Batavia et souvent cité sous l'abréviation de rapport D.S.O. Mes collègues me prédisent une promotion rapide. À cette époque, la tension qui monte en Europe fait la une des journaux, la Hollande est envahie et occupée et Effie et moi parlons de la lointaine Amsterdam, de nos familles et de nos amis. Ces conversations nous rapprochent de nouveau. Nous prêtons peu d'attention à une autre menace de guerre, bien plus proche de nous mais tellement irréelle et, tout à coup, les Japonais sont là.

Je regarde rapidement autour de moi parce que je me rends compte, soudain, que je me suis mis à parler à voix haute comme cela se produit, dans mes mauvais jours, lorsque j'en arrive à ce moment crucial. Mais je suis dans une rue tranquille et les rares passants se pressent, tout à leurs affaires. Mon travail consiste à formuler ma défense. Même le prisonnier dans sa cellule en a le droit. Il a le droit d'avancer des circonstances atténuantes : la confusion complète après le débarquement des Japonais, notre hâte désespérée pour tenter de mettre au point une défense qui se révèle inadéquate et pitoyable, les anciennes relations avec les indigènes qui, soudainement, tombent en cendres, les destructions massives et la mort qui rôde dans mon secteur. Je dois courir d'un point à un autre dans ma jeep militaire, horriblement fatigué, les yeux enflammés par la fumée des maisons qui brûlent, les oreilles bourdonnantes du vacarme des avions. Et Lina est là, avec ses brûlants yeux noirs et ses joues maculées de sang. Et bientôt, plus de sang encore. Le corps mutilé d'Effie dans une mare de sang qui dégage une odeur infecte. Et Bubu. De Bubu il ne reste que la petite tête bouclée.

Je m'arrête, pris d'un violent haut-le-cœur. Je m'essuie la bouche avec mon mouchoir et réalise que je suis seul dans une ruelle déserte. À part le bruit du moteur d'une moto, quelque part derrière moi, tout est silencieux. Vacillant sur mes jambes, j'avance jusqu'au coin de la rue. Une rafale de vent glacial me fouette le visage. Machinalement, j'enfouis le menton dans la poitrine. Je dois courir, sauter les pavés trois par trois, quatre par quatre. Je remarque alors un petit carré rouge, juste devant moi. C'est un portefeuille de cuir, d'un rouge vif qui luit dans la lumière d'un lampadaire. À l'instant où je me penche pour le ramasser, une femme pousse un cri, quelque part devant moi. Je me redresse rapidement, enfouissant le portefeuille dans la profonde poche de mon mackintosh. Deux individus aux visages sombres, l'un grand, l'autre trapu, en trench-coats clairs, prennent à partie une femme vêtue d'un manteau bleu nuit et d'un petit chapeau rouge. Elle vient de frapper l'un des hommes avec son sac qu'elle tient, ouvert, dans sa main droite. Elle lève le bras mais le plus grand la prend par le poignet et elle hurle de nouveau.

Des hommes à la peau mate surgissent des broussailles, leurs tuniques blanches étincelantes dans la lumière de mes phares. Je braque à fond et le pare-chocs de ma jeep va s'écraser contre l'arbre abattu au milieu de la route. Un coup de feu claque puis le crépitement d'un fusil mitrailleur Sten. « Êtes-vous blessé, monsieur ? » Une rage bestiale, incontrôlable, s'empare de mon cerveau. Je cours vers eux, empoigne le plus grand par le revers de son manteau et le fais basculer, retrouvant les gestes que les militaires nous avaient enseignés. Je me tourne alors vers l'autre. Mais son poing droit fuse et me frappe avec force à la mâchoire. La nuit est de nouveau sombre.

— Êtes-vous blessé, monsieur ?

— Non. Retirez cet arbre du chemin, vite. Je dois…

Je suspends ma phrase, en pleine confusion.

Je m'adresse à un uniforme bleu, pas à l'uniforme vert de notre armée coloniale. Un membre de la police municipale d'Amsterdam se tient devant moi. La petite voiture, derrière lui, est blanche et non verte. Le vert, le bleu et le blanc se fondent et je ferme les yeux.

Hébété, j'essaie de comprendre où je me trouve. Je suis couché sur la chaussée ; je la sens, dure et froide, contre mes omoplates. Un bras puissant me relève en position assise et j'ouvre les yeux. Un peu plus loin se tient un autre policier, un homme costaud avec une veste de cuir. Il parle avec la fille au chapeau rouge. Pendant que je tente d'ajuster ces images, je demande à celui qui me soutient :

— Où sont les deux types en trench-coats ? Ils, ils…

Je viens de voir le visage de la fille et je la fixe avec effarement.

— Rentrez chez vous, monsieur. Ne vous en faites pas, nous mettrons la main sur ces deux lascars. La jeune demoiselle nous a donné une bonne description et mon collègue l'a déjà diffusée.

Je veux répondre, mais une douleur cinglante, qui se répand à partir de mon menton blessé, me donne le vertige. Ce n'est rien en comparaison de la crispation qui contracte mon estomac. La jeune femme, en effet, a tourné la tête et la lumière du lampadaire éclaire en plein son pâle visage. C'est Lina. Lina qui est morte mais qui est revenue. Ce sont les yeux de Lina, grands et noirs avec de longs cils, le même visage ovale, la même bouche charnue, légèrement ironique. J'enfouis mon visage dans mes mains.

— Cela ira-t-il, monsieur ? demande le policier avec sollicitude.

Je fais un signe de tête. Il m'aide à me remettre sur pieds, me tend mon chapeau en disant :

— C'est drôle, nous vous suivions depuis un moment parce que vous marchiez comme un ivrogne.

— Je ne me sentais pas bien. Je suis sujet à de soudaines attaques de fièvre, de temps à autre.

— Mais vous avez eu la main assez sûre pour terrasser ce vaurien, ajoute-t-il chaleureusement.

Je m'avance vers l'autre policier. Je dois entendre la voix de la jeune femme.

— Janette Winter, dit l'officier en recopiant dans son carnet.

La fille me regarde. Son visage est crispé, ses yeux hostiles. Sa ressemblance avec Lina est si frappante qu'elle me fait mal. Le gradé lui demande :

— Vous vivez dans cette pension, hein ? au 55 de l'Abelstraat ?

Elle acquiesce. Je regarde au loin, vers la rue déserte. Ce n'est pas la Lina du dernier jour, le visage défiguré, la poitrine brisée, une boule de sang. C'est la jeune Lina telle que je l'ai rencontrée cette nuit étouffante, bien avant sa mort. Je remarque que l'officier me jette un regard critique.

— Il n'est pas blessé ? demande-t-il à son collègue.

Lorsque l'autre secoue la tête, il revient à la fille.

— Où travaillez-vous, mademoiselle ?

— Je suis infirmière.

Elle mentionne un hôpital renommé. Oui, je savais qu'elle devait avoir cette voix profonde, au timbre riche.

— Il faudra passer au commissariat demain matin, mademoiselle Winter. Nous vous montrerons quelques photographies. Vos deux types y seront peut-être. Nous en avons toute une collection. Dix heures vous irait ?

Elle hoche la tête, resserre son manteau bleu nuit. Le vent est tombé mais il y a de la gelée dans l'air tranquille. Combien de temps suis-je resté inconscient ? Dix minutes, peut-être. Le policier me dit :

— Une chance que vous ne soyez pas blessé, monsieur. Vous savez, ces Orientaux portent souvent des couteaux. Pouvez-vous me donner vos nom et adresse ?

Je sors ma carte d'identité de ma poche de poitrine et la lui tends. C'est plus simple ainsi. Il lit à haute voix tout en inscrivant les informations dans son carnet : Johan Hendriks, né à Amsterdam le 12 mars 1914, comptable au Byenkorf. Il relève aussi mon adresse, le numéro de téléphone du magasin et celui de ma pension. Il me rend la carte en disant :

— Nous vous préviendrons si nous avons besoin de votre témoignage.

— Vous êtes arrivé juste au bon moment, remarque-t-elle.

Elle s'adresse à nous trois, indistinctement. Ses lèvres sourient mais il y a une lueur de défiance dans ses grands yeux. Elle m'examine alors franchement et ajoute d'un ton cordial :

— Merci beaucoup, monsieur Hendriks.

Elle se retourne vers la porte du numéro 55. Je lis l'inscription sur la plaque émaillée, « Pension Jansen ».

Juste au-dessous se trouve un petit bouton blanc. Tendant la main pour appuyer sur la sonnerie, elle lance par-dessus son épaule à notre intention :

— Merci encore, et bonne nuit.

Le haut-parleur de la voiture de patrouille se met à grésiller et l'officier se précipite derrière le volant.

— Une voiture a renversé un piéton sur la Leidsestraat, lance-t-il à son collègue.

— Pouvez-vous me conduire là-bas ? demandé-je.

Portant mes doigts à mon menton meurtri, j'ajoute :

— Je me sens un peu secoué.

— Montez, dit le policier mince.

Nous nous installons dans la voiture et démarrons.

La sirène et les crachotements du haut-parleur empêchent toute conversation. Je peux donc me concentrer sur un petit détail qui m'intrigue. Mlle Winter n'a pas posé le bout de son index sur le bouton de la sonnette. Elle l'a posé juste à côté. J'ai une bonne vision de loin et je l'ai remarqué distinctement. Peut-être l'a-t-elle manqué en raison de sa nervosité. Elle venait d'être agressée, après tout. Mais peut-être était-ce intentionnel. On ne sait jamais avec des femmes comme Lina. Ma tête commence à m'élancer, mes pensées repartent en cercle, trop vite. Je regarde autour de moi. Nous sommes au premier croisement dans la Leidsestraat.

— Pouvez-vous me déposer ici ?

Le conducteur se range près du trottoir. Il regarde déjà la foule qui s'agglutine plus loin autour d'une voiture. Son chauffeur agite les bras, crie des explications.

— Ne vous en faites pas, me dit le policier mince.

La voiture de police repart. Un petit groupe de personnes est arrêté au coin de la rue, regardant plus loin, en direction de l'accident.

— Il lui est rentré en plein dedans. Tué sur le coup, dit un gros homme vêtu d'un lourd manteau de fourrure. J'ai tout vu. (Puis il ajoute avec consternation :) Il n'y avait pas beaucoup de sang cependant.

Il n'y a pas beaucoup de sang parfois. D'autres fois si. Je passe à côté d'eux, enfile la rue latérale et entre dans le premier café que je trouve. Je me fraye un chemin dans le restaurant bondé où l'air semble épaissi par la fumée du tabac et les odeurs de café jusqu'à la tranquille arrière-salle de billard. Les feutres verts des deux tables luisent doucement sous l'éclairage des lampes basses et voilées. Une seule des tables est occupée par deux hommes en manches de chemise. À part eux, il n'y a personne. Je tire une chaise dans le coin sombre près du porte-queues et pose mon chapeau mouillé sur une autre. La pièce est bien chauffée mais je ne retire pas mon imperméable car je me sens vraiment fiévreux maintenant. Je tremble de tous mes membres. Je m'assois avec un soupir de soulagement.

Le joueur de billard rondouillard au visage joufflu marmonne un juron après un coup manqué. Il tape la queue par terre avec force et me demande :

— Pourquoi la sirène ? Un accident ?

— Oui, dis-je. En bas de la rue. Mais je n'ai rien vu.

Il y a effectivement eu un accident durant cette nuit cruciale. Et cet accident, je l'ai vu, de mes yeux vu. J'étais assis dans la salle étouffante et mal éclairée d'un petit hôtel miteux, dans les faubourgs de Bandung. Je suis mort de fatigue et ma veste d'uniforme est collée par la sueur à mon dos douloureux. L'horloge murale indique dix heures et quart. Le barman malais semble s'ennuyer et même les grondements des avions japonais qui passent au-dessus de nos têtes ne paraissent pas l'intéresser. Je bois une bière tiède avant de remonter dans ma jeep. Une heure de route dans la campagne me conduira à la maison. Bubu dormira, bien sûr, et Effie aussi. Effie doit avoir eu une journée épuisante tout comme moi puisqu'elle collabore à une unité mobile de la Croix-Rouge.

Des coups de feu claquent dans le lointain, quelque part derrière l'hôtel. Je demande de la glace au barman. Il hausse les épaules. Je devrais le savoir, l'usine de glace a été bombardée ce matin. Soudain, j'entends des cris dehors. Le rideau de l'entrée s'ouvre brusquement et une femme entre en courant, ses longs cheveux d'un noir de jais flottent autour de son visage. Elle trébuche sur ses hauts talons et s'effondre entre deux chaises, près de la porte. Alors qu'elle essaye frénétiquement de se relever, un soldat bondit dans la pièce, nu-tête, sa vareuse ouverte sur la poitrine. D'une profonde blessure à son front du sang coule sur son visage. Il agrippe le bras de la femme et lève son sabre recourbé pour lui fendre le crâne. J'ai sorti mon pistolet d'ordonnance et je tire. La puissance de la balle le projette contre le montant de la porte. Tandis qu'il s'écroule sur le sol, deux policiers militaires, avec leurs casques blancs, entrent. Ils jaugent rapidement la situation puis ils saluent et me racontent que le soldat s'est pris d'une querelle d'alcoolique avec deux autres soldats au sujet d'une femme, dans la rue. Il a été poussé et s'est cogné la tête contre le bord du trottoir. Lorsqu'il s'est relevé, il était fou furieux. Il a vidé son pistolet sur ses deux amis puis il a voulu tuer la femme avec son sabre. Il n'est pas nécessaire de donner de longues explications ni même de remplir des papiers officiels. Des incidents comme celui-ci se produisent tout le temps, partout dans la ville. Les deux hommes portent le soldat mort dehors et j'aide la femme à se relever. Je la fais asseoir sur une chaise et commande un cognac au barman qui vient de sortir de derrière son comptoir.

Elle est jeune et belle. De toute évidence, elle a du sang indonésien mais elle est blanche de peau, un blanc crémeux, comme souvent chez certains d'entre eux. Elle a un visage magnifique. Son soutien-gorge et sa culotte de satin blanc brillent à travers le fin tissu de sa robe de mousseline fleurie. Elle me regarde de ses grands yeux brillants, tout en essuyant le sang des petites écorchures de ses joues avec un minuscule mouchoir de dentelle.

Elle lit mes pensées avec l'aisance que donne l'expérience, me dit qu'elle s'appelle Lina et qu'elle a une chambre dans ce même petit hôtel. Toute la tension accumulée, la frustration, la rage de ces dernières vingt-quatre heures sans sommeil se cristallisent dans un désir urgent, un désir brûlant de cette femme. Alors que nous montons l'escalier, elle remarque avec naturel :

— Je dois vous prévenir, je suis fatiguée. Vous n'en aurez peut-être pas pour votre argent.

Oui. Ainsi était Lina, désinvolte. Et la fille, dans la rue, tout à l'heure, était elle aussi désinvolte. Soudain mon crâne me semble un dôme vide qui s'élargit de plus en plus. Je penche la tête sur mes genoux et parviens de justesse à ne pas m'évanouir. Ma mâchoire enflée m'élance. Le serveur apparaît et les joueurs de billard commandent une bière. Je demande un café noir et, après réflexion, une assiette de sandwichs au jambon. J'allume une cigarette et avale avidement la fumée. Cela remettra peut-être mon estomac en place.

Deux jours plus tard, Effie est morte, Bubu est morte. Ont-elles au moins été enterrées ? Probablement pas. Je suis dans un camp de prisonniers. Lina n'est pas incarcérée car elle clame qu'elle est à moitié indonésienne. Elle paye sa dette à mon égard, plus les intérêts. En effet, elle me rend visite régulièrement, me procure en fraude des cigarettes japonaises, des comprimés de vitamines et des médicaments. J'en ai vraiment besoin parce que je suis interrogé, frappé, torturé, encore et toujours en raison d'une de ces stupides erreurs qui ont coûté la vie à plus d'un homme à cette époque. Hendriks est un nom très répandu et les policiers militaires japonais sont convaincus que je suis un autre Hendriks, un de nos officiers de renseignements qui leur a causé beaucoup d'ennuis. Ils veulent que je leur donne les noms et toutes les informations sur les autres agents qui sont cachés dans le secteur. Je peux presque comprendre leur point de vue. Cependant, bien que je sois devenu capitaine du jour au lendemain, je n'ai jamais eu le moindre contact avec les services secrets et je ne peux tout bonnement pas répondre à leurs questions. Parfois, lorsque je ne parviens plus à supporter la douleur, j'invente des réponses. Cela me procure un répit de quelques semaines pendant lesquelles ils vérifient méticuleusement tous mes dires. Puis ils me torturent de nouveau. Mais j'ai survécu. À la fin de la guerre, Lina m'attendait à la porte du camp avec une cartouche de cigarettes. Je l'ai épousée, j'ai ressenti le mal du pays et je l'ai emmenée en Hollande. Après deux mois passés à Amsterdam, je me suis engagé comme juge itinérant et nous sommes retournés à Java.

Le serveur dépose le café et l'assiette de sandwichs à côté de moi. J'avale le café puis je commence à manger en regardant le jeu de billard. Cela a un effet apaisant parce que les deux hommes jouent sérieusement et très bien. Surtout le plus gros d'entre eux. Ses coups sont précis et réguliers. Sa large tête ronde aux yeux légèrement globuleux s'agite de haut en bas au-dessus du tapis vert tandis qu'il se prépare avec soin, complètement indifférent à ce qui l'entoure. Il me fait penser à un poisson rouge, flottant entre les plantes vertes aquatiques, enfermé dans son petit monde de verre.

Je dois aussi me concentrer et décider de ce qui était le plus fort : mon amour ou ma haine. J'aimais Lina pour la passion spasmodique qu'elle me portait, pour la férocité presque bestiale de ses abandons, pour son exubérante joie de vivre, pour sa simplicité touchante, parfois enfantine. Je la détestais pour ses fréquents éclats de mauvais caractère qui me poussaient à des accès de rage dégradants. Je la haïssais pour les crises de jalousie avilissantes et hors de propos qu'elle provoquait mais aussi, à tort, pour son rôle dans la mort d'Effie et de Bubu. Les serviteurs la considéraient comme une des leurs malgré sa peau blanche.

Ils la craignaient et la méprisaient. Lorsqu'elle était d'humeur généreuse, elle les comblait de cadeaux et d'autres fois elle les défiait, les blessait par ses paroles, les humiliait, surtout Amat, notre boy. Mais je ne dois pas anticiper. Je dois tout replacer dans un ordre chronologique rigoureux : c'est essentiel. Commença alors une autre guerre, une guerre irréelle qui était qualifiée d'opération de police. Les rebelles nationalistes étaient partout et nulle part, l'administration hollandaise s'effritait. De vieux contentieux refirent surface. D'anciennes querelles se réglaient par un jet de couteau dans la nuit, par un coup de feu claquant dans une maison vide. Cette atmosphère tendue de danger permanent me rend irritable. Mais Lina est très calme, elle se recroqueville à l'intérieur d'une coquille de peur. Lorsqu'elle m'annonce qu'elle attend un enfant, elle s'y prend d'une manière maussade, presque hostile. Elle fait des scènes aux serviteurs, des scènes révoltantes, horripilantes. Lorsque je lui dis qu'elle doit se réfugier dans un endroit plus sûr, à l'hôpital de Surabaya, elle refuse catégoriquement de me quitter. Et je l'aime comme jamais avant.

Peu de temps après, c'est la fin. Je dois être très attentif maintenant car désormais chaque instant, chaque seconde compte. Je dois me concentrer. Je m'appuie contre le dossier de ma chaise et enfonce mes mains au plus profond des poches de mon imperméable. Le serveur passe sans bruit et je commande une seconde tasse de café. Soudain, les doigts de ma main droite se resserrent sur un objet en cuir doux. Je sors un petit portefeuille en maroquin rouge.

Le tenant dans la paume de ma main, je le regarde, étonné. Puis je me souviens. C'est le portefeuille que j'ai ramassé sur la chaussée juste avant de voir Janette Winter. Janette Winter, avec son manteau bleu nuit et son petit chapeau, agressée par deux hommes en trench-coats clairs. Je ne peux ouvrir le portefeuille. Lina est encore trop proche. Je n'ai jamais ouvert le sac de Lina, ni son portefeuille. Cela aurait été une intrusion mesquine, impardonnable, dans son intimité féminine : une attitude aussi indécente que d'épier à certains moments où l'on ne regarde pas une femme, même sa propre épouse. C'est étrange, avec Effie les choses en allaient autrement. J'ouvrais son sac ou son portefeuille tout naturellement, chaque fois que j'avais besoin d'une clef, de petite monnaie, qu'elle soit présente ou non. Je ne me posais pas de question à ce sujet. Effie non plus.

Je prends sur moi. Ceci n'appartient plus au passé chaotique, menaçant. C'est le présent, simple, droit, salvateur. Je dois ouvrir ce portefeuille, voir ce qu'il contient car je dois m'assurer qu'il appartient bien à Mlle Winter. Il peut avoir été perdu par un passant ou être tombé du sac à main de Mlle Winter lorsqu'elle a frappé l'homme qui l'agressait. Il faut rendre ce portefeuille à son propriétaire. Simple et logique. Le présent me sauvera.

Je trouve trois billets de dix florins et une carte d'identité. Je chausse mes lunettes. Je regarde d'abord la photographie. Avec surprise, je constate à quel point la ressemblance est frappante : c'est une photo de professionnel. Oui, Lina n'aurait jamais utilisé les photos bon marché des appareils automatiques, pas même pour un passeport. L'écriture est très nette, une écriture bâton et tout à coup mon assurance retrouvée se désagrège : « Évelyne Vanhagen, née le 3 juin 1940. Profession : artiste. Adresse : 88 Oudegracht. »

Ainsi elle ment facilement, aussi naturellement que le faisait Lina. Les lettres géométriques de la carte se brouillent comme tout s'était brouillé cet après-midi chaud et oppressant où Lina proféra son dernier mensonge. Mais était-ce un mensonge ? Nous n'avions pas pu dormir pendant la sieste, allongés immobiles sur les draps moites, mouillés de notre sueur. Lina avait essayé de m'entraîner dans une querelle, comme elle le faisait souvent lorsqu'elle était nerveuse et effrayée. Mes nerfs étaient tendus comme des cordes de violon mais je n'avais pas réagi. J'étais trop fatigué après la longue matinée passée dans la salle d'audience torride. Après avoir pris une douche et nous être habillés pour le thé de l'après-midi, elle me dit tout à trac que l'enfant qu'elle attendait n'était pas de moi. Le coup arriva tellement à l'improviste qu'il me laissa pantois. Je ne dis pas un mot. Mon silence semble la décevoir. Je remarque qu'elle me lance un coup d'œil furieux pendant qu'elle se coiffe devant le miroir.

En silence, nous avons gagné la véranda et nous nous sommes installés dans les chaises en rotin, face au jardin.

Machinalement, je plaçai mon pistolet d'ordonnance sur la table, à côté de ma tasse de thé, appliquant ainsi les consignes de sécurité. En effet, on avait constaté des infiltrations de rebelles dans notre district et, la veille, notre commandant militaire avait été blessé par un franc-tireur. Notre nouveau boy javanais, qui a remplacé Amat après son renvoi, pose un plateau de gâteaux en face de Lina et se retire. Maintenant, je dois tout reconstruire très clairement, car chaque seconde compte. Lina se cale contre le dossier de sa chaise, prend un petit gâteau et le grignote d'un air satisfait. Je ne peux supporter ce sourire énigmatique et content de soi juste après ce qu'elle vient de m'apprendre et je détourne les yeux vers le jardin. Les arbustes en fleurs semblent frissonner dans l'air chaud et humide. Je regardais la haie sans vraiment la voir. J'ai peut-être vaguement associé quelques feuilles brunes avec le visage d'Amat parce que, comme un éclair, l'idée me traversa l'esprit qu'elle pouvait m'avoir menti pour me provoquer comme elle avait coutume de le faire avec Amat en racontant des mensonges à son sujet aux autres domestiques. Et je peux avoir réellement pensé que la chose qui perça brusquement le feuillage était une branche morte. Mais je ne peux le jurer. Maintenant, il y a autre chose. En supposant que j'aie pu reconnaître le visage d'Amat et réaliser ce qu'était en fait cette branche morte, aurais-je eu assez de temps pour prendre mon pistolet, viser et tirer ? Je suis un bon tireur, mais aurais-je eu le temps nécessaire ? J'ai reconstitué cette scène tant de fois mais ce point restera toujours en suspens. Deux choses, seulement, sont certaines. Pendant un instant j'ai souhaité sa mort et la balle du fusil l'a frappée en pleine poitrine. Elle mourut dans mes bras.

Je regarde sans la voir la feuille de papier que je tiens dans mes mains tremblantes. Je dois faire un effort pour lire l'en-tête, imprimé maladroitement avec un jouet d'enfant : *Bert Winter, Oudegracht 88* et, au-dessous, d'une écriture bien lisible, en caractères bâton : *Très chère Évelyne*. Sans m'en apercevoir, j'ai dû déplier la feuille de mauvais papier qui était dans le portefeuille. Je me raccroche au présent, le présent salvateur et je lis :

« Tu sais comme je déteste t'ennuyer et je suis sincèrement désolé de t'importuner maintenant. Surtout après t'avoir dit, hier, que je comprenais et que le fait que tu acceptes cette proposition ne me gênait pas. Mais aujourd'hui, après une journée et une nuit sans toi, je dois essayer une dernière fois. C'est pourquoi je te le demande : ne pars pas. S'il te plaît.

Ton Bert. »

J'ai soudain honte de moi. Je n'aurais pas dû lire ce billet. Machinalement, je regarde la date, inscrite dans le coin inférieur gauche : le 26 février, avant-hier. Je retire mes lunettes, les range dans leur étui puis dans ma poche de poitrine. Bon, j'ai lu la lettre, je ne peux revenir là-dessus maintenant et je veux concentrer mes pensées sur Bert Winter et sur Évelyne, les fixer sur avant-hier et non sur ce jour lointain, chaud et suffoquant, dans le jardin.

Bert Winter vit avec Évelyne, au numéro 88 de l'Oudegracht. Vivait serait plus juste, parce qu'Évelyne est partie. Lina n'est pas partie, je dois admettre cela. C'est moi qui l'ai quittée.

— Beau massé, crie le joueur de billard rondouillard.

Il contemple son partenaire qui replace les trois boules le long de la bande avec un soin extrême. J'étais bon à ce jeu, jadis. J'aime les actions précises, contrôlées et les raisonnements concrets sur des faits tangibles comme ceux que l'on utilise au tribunal. Évelyne est un fait, très réel, une femme avec un manteau bleu nuit et un chapeau rouge. Son amant reste dans l'ombre pour l'instant. Laissez-moi essayer de l'en faire sortir par le raisonnement. C'est un homme instruit, d'après son écriture sans fioritures, une écriture d'intellectuel avec un style contrôlé. Il porte probablement des lunettes pour voir de près puisque son écriture a une précision presque typographique. Il ne doit pas être riche ; en effet, pour cette lettre importante, il a dû utiliser une feuille arrachée à un bloc-notes bon marché et le manteau d'Évelyne, maintenant que j'y pense, ne semblait pas très neuf. Bert a un style d'adulte mais il doit y avoir encore en lui quelque chose d'enfantin, comme le prouve le disgracieux en-tête de sa lettre, ce moyen de marquer son identité au moindre coût.

Évelyne l'a quitté, mais pas pour la pension Jansen du 55 de l'Abelstraat. Cela, j'en suis sûr.

J'appelle le garçon, trop fort. Le joueur de billard rate son coup et son partenaire me lance un regard de reproche. Me sentant réellement désolé, je donne un pourboire plus que généreux au garçon et je m'en vais.

Il y a du monde et beaucoup de bruit dans la rue maintenant. Chacun vaque à ses affaires. J'ai moi-même un but à présent. Je trouve un taxi au coin de la rue.

— Au 88 de l'Oudegracht, s'il vous plaît, dis-je au chauffeur.

Il met en marche et s'engage adroitement dans la circulation. Il conduit très bien et, assis au fond du siège, je prends plaisir à le regarder faire. J'aime la précision de l'adresse manuelle, le billard, le dessin à la plume et le tir à la cible. J'apprécie aussi la précision intellectuelle, le raisonnement pur, froid, impersonnel. C'est pourquoi j'ai pris ce travail de comptable dont je n'ai pas besoin puisque ma pension suffit amplement à mon modeste train de vie. Mon existence émotionnelle est tellement confuse que je dois me raccrocher à des choses concrètes pour conserver un minimum d'équilibre. Cet état de dépendance explique ma répugnance à me séparer d'une vieille voiture fatiguée, d'un vieux pistolet ou d'un chapeau et d'un manteau élimés : ces vieux objets familiers m'aident en me fournissant les points d'appui dont j'ai désespérément besoin. C'est pour cette même raison que j'hésite à mettre un terme à ma propre existence de fantôme comme j'ai, à l'occasion, pensé le faire ces dernières années dans mon meublé, ici à Amsterdam. Parce que j'ai peur qu'en perdant mon corps je perde aussi… Machinalement, je fouille dans ma poche. Le mince tube est toujours là. Il a toujours été là depuis que mon ami le chirurgien me l'a donné alors que les Japonais se rapprochaient de nous. « Fais attention avec ces pilules, m'a-t-il dit. Une fera disparaître la souffrance, deux t'assureront un sommeil paisible. Les autres te feront dormir si profondément que tu ne te réveilleras jamais. » Il est mort quelque part dans la jungle, de faim, ont-ils dit. Je me suis souvent demandé s'il avait un tube de ces comprimés sur lui.

Les jurons imagés du chauffeur me ramènent au présent. Nous avançons lentement le long d'une rue étroite au bord d'un canal. Deux voitures pourraient à peine se croiser dans l'espace pavé pris entre le haut trottoir de pierre grise et le bord du sombre canal. Une camionnette de livraison est garée quelques pas devant nous.

— Vous voici rendu, murmure le chauffeur. (Il ajoute, me regardant par-dessus son épaule :) Je vais devoir repartir en marche arrière jusqu'au coin de la rue. Un imbécile a laissé sa camionnette ici.

Il démarre, faisant grincer sa marche arrière malgré le pourboire que je viens de lui donner.

Je suis dans un des plus vieux quartiers de la ville, près de l'Amstel. Les maisons à pignon sont sombres, crasseuses. Les seules lumières proviennent de vieux lampadaires d'acier plantés à intervalles réguliers. Le numéro 86 est une pharmacie à l'ancienne mode. Une tête de Turc enturbannée, en bois, sa langue rouge sortant de sa bouche ouverte, pend au-dessus de la porte : l'enseigne traditionnelle des pharmacies. Mais cette figure me trouble légèrement : les grands yeux du Turc semblent me fixer avec un éclat obscène. Je grimpe rapidement les cinq marches de l'escalier de pierre qui conduit à la porte surélevée du 88. La peinture verte est écaillée tout autour du heurtoir de cuivre en forme de tête de lion. Je sors mon briquet pour examiner la liste des habitants inscrite au-dessous de la sonnette. Au premier étage se trouve la Société Nivas, import-export. Ce nom m'est familier. Il y avait une grande entreprise de sucre du même nom à Java. Au second étage, l'atelier d'un tailleur pour homme et celui d'un peintre. Leurs noms sont inscrits sur des cartes de visite jaunies. Pas de Bert Winter. Je regarde vers le sombre canal. Un petit patrouilleur de la police fluviale arrive de l'Amstel en haletant. Les étranges lumières sur le toit de l'embarcation m'évoquent la barque de Charon. Cette incursion dans le présent va-t-elle aboutir à une impasse ? Je réalise avec angoisse combien le fil que je tire est ténu. Il me vient tout à coup l'idée qu'il doit y avoir un sous-sol.

Je redescends rapidement sur le trottoir. En effet, l'escalier de pierre, par une étroite volée de marches, conduit à une porte sombre. Je vérifie en hâte sur la carte de visite coincée derrière le verre du judas : Bert Winter, licencié en droit. Cela correspond bien à l'idée que je m'étais faite de Bert : un étudiant. Je jette un regard sur les deux fenêtres en dessous du niveau de la rue. Un rai de lumière filtre derrière les épais rideaux. J'appuie fermement sur la sonnette.

On m'ouvre presque aussitôt. M. Winter avait de toute évidence entendu le taxi et guettait derrière la porte. Il attendait une visite.

Il est plus grand que moi, large d'épaules, la taille étroite avec des cheveux assez longs, bouclés, mais je ne peux distinguer son visage dans la lumière crue de l'ampoule du hall.

— Oui ? demande-t-il d'une voix agréable.

— Mon nom est Hendriks, lui dis-je poliment. Je dois remettre quelque chose à Mlle Vanhagen. Pour Évelyne. Et je…

— Entrez, me coupe-t-il brusquement.

Il ne m'invite pas à retirer mon manteau mais il ouvre une porte à sa gauche et me fait pénétrer dans une pièce en désordre au plafond bas.

Elle est éclairée par une lampe de bureau à abat-jour vert posée sur une table encombrée de livres et de papiers. Bien qu'elle ait toutes les caractéristiques d'une chambre meublée bon marché, elle est agréable et chaude. Un antique poêle bombé rougeoie devant la cheminée.

— Asseyez-vous, dit mon hôte.

Il m'indique une chaise cannelée à côté du bureau. Ignorant le vieux fauteuil capitonné derrière lui, il pousse une pile de gros livres de droit et s'assoit sur le bord du bureau, le bout de ses pieds touchant le tapis râpé. De toute évidence il ne tient pas à ce que l'entretien se prolonge.

Il se déplace avec la grâce souple d'un gymnaste et son complet de tweed marron, taillé sur mesure, souligne sa carrure musclée. Il est plus vieux que je ne l'imaginais, la trentaine, dirais-je. Il a un visage agréable, régulier avec une petite moustache claire et une grande bouche légèrement ironique. Ses cheveux châtains et bouclés sont parfaitement coiffés sur le côté. Arrangeant avec soin le pli impeccable de ses pantalons, il me jauge tranquillement de ses yeux bleus. Je remarque les grosses poches sous ses yeux. Ce sont certainement elles qui le font paraître plus vieux qu'il ne l'est.

Je m'apprête à poser mon chapeau sur une liasse de papiers annotés sur le bureau mais je retiens mon geste lorsque je réalise qu'il est toujours mouillé. Je le mets par terre. Le bloc-notes au-dessus de la pile est rempli d'inscriptions à l'encre rouge : l'écriture de Bert. Il gagne certainement de l'argent en corrigeant les travaux d'étudiants plus jeunes. J'ai fait cela moi-même il y a longtemps. Bert a besoin d'argent, c'est évident : il n'y a pas un seul meuble de qualité dans la pièce, un canapé mal refait, un réchaud de cuisine dans un coin, une série d'étagères branlantes surchargées de livres de poche, c'est tout. Sur le mur, deux reproductions de Gauguin découpées dans des magazines, deux grandes photos de vedettes de cinéma ainsi que celle d'une danseuse de ballet dans une pose suggestive : la contribution d'Évelyne, je suppose.

— Oui, merci, dis-je à mon hôte qui me tend son étui à cigarettes ouvert.

C'est une bonne marque de tabac égyptien d'importation. Alors qu'il prend lui-même une cigarette, je remarque les taches de nicotine sur ses doigts. C'est un sportif, certes, mais qui ne pratique plus. Il attend que j'aie allumé ma cigarette et me dit avec naturel :

— Mlle Vanhagen n'est pas ici.

— Elle doit travailler, bien sûr, dis-je avec un sourire fat. Elle m'a donné le nom de l'endroit. J'aurais mieux fait d'aller là-bas tout de suite et…

Je fais mine de me lever. Les trucs du métier que j'utilisais en tant que juge itinérant me sont revenus naturellement.

— Non, dit-il rapidement, elle n'est pas « Chez Claude ». Elle est en vacances.

— Je ne le savais pas, dis-je en me réinstallant. J'aurais dû écrire d'abord, bien sûr. J'habite à La Haye, voyez-vous. J'ai plus ou moins perdu le contact, par ma propre faute. Savez-vous quand elle sera de retour ?

— Dans une quinzaine de jours. Mais, à votre place, monsieur Hendriks, je lui écrirai d'abord un mot pour m'en assurer.

Il parle avec un très léger accent, roulant les *r* à la manière des Américains.

— Oui, dis-je. C'est ce que je ferai. Où… ?

Je regarde autour de moi à la recherche d'un cendrier.

Il cherche sur le bureau puis saute à terre et marche à grands pas rapides et souples vers la cheminée. Il revient avec une soucoupe qu'il pose sur le bureau. Se perchant à sa place, il remarque :

— Désolé. Je ne sais ce qui est arrivé à mes cendriers. Cette sacrée femme de ménage…

Il fait une pause, examine le bout de sa cigarette puis il m'interroge incidemment.

— Connaissez-vous Mlle Vanhagen depuis longtemps, monsieur Hendriks ?

— J'ai vécu quelque temps à l'étranger, voyez-vous, et je l'ai plutôt négligée, je dois l'admettre. Mais je l'ai beaucoup vue, il y a deux ans. Nous prenions des cours ensemble, des cours d'élocution, de jeu, ce genre de chose.

— Êtes-vous aussi dans le show-business ? demande-t-il incrédule.

Je ne lui en veux pas. Je peux difficilement passer pour un artiste de cabaret. Je réplique rapidement :

— Non, je suis avocat. Je travaille pour une compagnie d'assurance. Mais je m'intéresse au monde du spectacle, pour le plaisir.

Il oublie sa méfiance et demande avec un sourire encourageant :

— Intérêts financiers, hein ?

— Oh non ! j'aime cette atmosphère. J'ai toujours apprécié la fréquentation des artistes. Cela vous fait sortir de vous-même, si vous voyez ce que je veux dire.

Il le voit très bien. Je suis un type aisé qui offre du bon temps aux filles, après le spectacle. Dîner au champagne et chambre d'hôtel avec salle de bains. Il se redresse et ajoute :

— Bon, je suis désolé qu'Évelyne ne soit pas là. Voulez-vous lui laisser un message ?

— Dites-lui simplement que je vais lui écrire, monsieur Winter.

— Je n'y manquerai pas.

J'aimerais prolonger l'entretien mais je ne trouve aucun biais pour le faire. Montrant la pile de livres de droit, je remarque :

— Rien de plus ennuyeux que de devoir apprendre tout cela mais je sais, par expérience, que c'est utile, plus tard.

— Très utile.

Son nez pointe vers la porte. Je me lève et sors dans le hall.

— Désolé de vous avoir dérangé.

— Ce n'est rien.

Il ouvre la porte. Il pleut de nouveau.

— Quel temps infect, dis-je.

— Horrible.

Nous ne nous serrons pas la main.

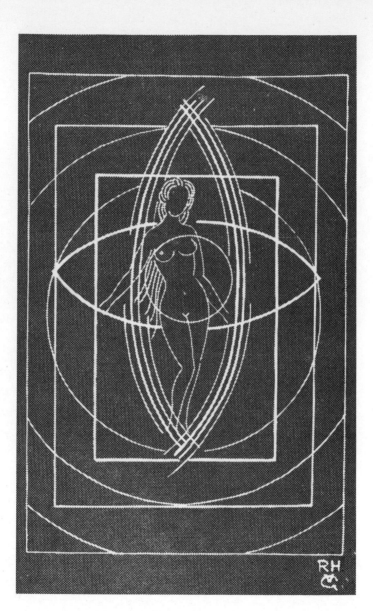

À travers un voile de verre

Je remonte le col de mon mackintosh car le vent se lève à nouveau en brusques rafales et projette la pluie dans mon cou. La camionnette de livraison est toujours là. Elle paraît plutôt vieille et sa plaque minéralogique est couverte de boue. Je m'éloigne.

La rue suivante, commerçante, avec beaucoup de petites boutiques, est plus animée. Je marche lentement, essayant de mettre la touche finale à mon portrait moral d'Évelyne Vanhagen et de Bert Winter. Évelyne travaille « Chez Claude » : le terme d'« artiste » sur sa carte d'identité signifie qu'elle est une de ces chanteuses-danseuses de troisième ordre qui se produisent pour quelques minutes sur les minuscules scènes des grands et bruyants dancings chaque fois que l'orchestre de jazz fait une pause pour fumer une cigarette ou boire une bière. La direction présente pompeusement ces attractions comme des spectacles de cabaret mais les couples qui fréquentent ces lieux viennent ici pour danser et se regarder dans les yeux, pas pour voir un show. Quant à Bert, c'est un jeune homme quelque peu désordonné mais sérieux. Il ne fume pas, soit par goût, soit par souci d'économie. Il y a cependant quelque chose de romantique chez lui comme le prouvent sa liaison avec une

« artiste » et les reproductions de Gauguin. Mais où est-il ?
Et où est Évelyne ?

Le problème me fascine car il me lie fermement au présent
mais aussi parce que j'ai le sentiment diffus qu'Évelyne
pourrait répondre à certaines questions du passé. Si je
parviens à la retrouver, du moins.

Quant à l'homme qui vient de jouer le rôle de Bert,
je n'ai aucun doute à son sujet. Ce gentleman vêtu d'un
costume bien coupé et fumant des cigarettes égyptiennes
n'était pas du tout à sa place dans cette chambre d'étudiant
pauvre : un visiteur tout comme moi, très certainement un
inspecteur en civil. Je manque de heurter un officier de
police en uniforme. Je lui fais mes excuses et lui demande
poliment comment je peux rejoindre l'Abelstraat. Il consulte
son plan de la ville et me dit que le tramway qui passe au
prochain carrefour m'y conduira.

Dans le tram bondé et bruyant, les odeurs des vêtements
humides et de la transpiration se mêlent à celles de parfums
bon marché. D'ordinaire, je déteste les endroits surpeuplés
dans lesquels je me sens particulièrement misérable. Mais,
pour une fois, la foule ne me gêne pas du tout. J'écoute
avec intérêt des bribes de conversation et je ris même à une
blague lancée par le conducteur.

Je descends du tram et une courte marche me mène dans
l'Abelstraat. Je m'arrête au coin pour m'orienter. Deux
hommes portant des parapluies me frôlent, un cycliste,
venant dans l'autre sens, pédale énergiquement. Quelques
voitures glissent doucement devant moi, ralentissent à
cause de la pluie. Pas de véhicule de patrouille près de la
pension Jansen, personne ne semble rôder dans les parages.
La police s'intéresse seulement au 88 de l'Oudegracht :
pour l'instant.

Tout en suivant la rue, j'étudie avec attention les majestueuses maisons qui la bordent. Elles sont solidement construites et ont presque toutes quatre étages. Ces immeubles datent des premières années du siècle et furent édifiés pour des gens aisés, des gens pouvant s'offrir le service de deux domestiques à demeure. Les plaques prouvent cependant qu'aujourd'hui la plupart de ces maisons ont été divisées en trois ou quatre appartements indépendants ou ont été transformées en bureaux. Je traverse en direction d'un immeuble de pierre grise qui fait face à la pension Jansen. La grande plaque de bronze indique qu'il appartient aux services du Conseil municipal : peut-être l'endroit où Épaule de tweed, le client du café de Jan, travaille. Le pub ne peut être bien loin. Après tout, je ne sais pas. Je n'ai pas prêté attention à la direction que je prenais en sortant de là.

Quelques fenêtres de la pension Jansen et de l'immeuble voisin du 57, d'architecture identique, sont éclairées. Le numéro 53 est totalement obscur. Les deux fenêtres du rez-de-chaussée n'ont pas de rideau et un « à vendre » en très grosses lettres est inscrit sur une bande de papier collée sur la vitre. Je jette ma cigarette, traverse la rue et presse la sonnette de la pension Jansen.

Une vieille femme vêtue d'une stricte robe noire ouvre la porte. Elle me dévisage d'un air incertain. J'ôte mon chapeau et demande poliment :

— Mlle Winter m'a dit qu'elle avait emménagé ici, madame, j'aimerais…

— Je n'ai pas de Mlle Winter parmi mes pensionnaires, coupe-t-elle avec froideur. Je n'accepte d'ailleurs pas les jeunes femmes célibataires, seulement les couples mariés.

Je dois admettre que c'est une sage politique ; même si cela ne me mène nulle part. Je reprends avec hésitation :

— Peut-être voulait-elle parler de la maison voisine, alors, parce que…

— Allons donc, le 57 est une résidence pour personnes âgées et le 53 est inoccupé depuis trois mois. Une honte, je vous dis, avec la crise du logement que nous avons ici.

Elle s'apprête à repousser la porte. Vite, je pose une autre question :

— Avez-vous vu l'accident ?

Elle rouvre la porte en grand.

— Un accident ? Ici ? Dans la rue ? Cela vient-il de se passer ?

— Non. Il y a une heure environ, dit-on. Bonsoir.

C'est moi qui ferme la porte. Je n'essaie pas le 51 car c'est un laboratoire de recherche industriel. Je sonne au 57, la résidence pour personnes âgées. Le concierge me reconnaît. Lorsqu'il a entendu des gens parler dans la rue, il a regardé par la fenêtre et m'a vu, ainsi qu'Évelyne et les deux policiers. Il a refermé les rideaux quand il a compris que l'incident était clos, juste avant le départ de la voiture de patrouille. Il ne peut donc me dire où Évelyne est entrée. Le numéro 53, la maison vide, semble ma dernière chance. Je suis certain qu'Évelyne s'est glissée dans un immeuble proche de la pension. Elle ne pouvait prendre le risque de traverser ou de s'éloigner dans la rue pendant que nous partions car l'un de nous aurait pu se retourner et la voir. Je passe de nouveau sur le trottoir de l'immeuble de Conseil municipal pour surveiller le 53.

La pluie s'est changée en bruine et je peux voir plus distinctement la maison. Elle n'a que trois étages mais un air assez cossu, une entrée majestueuse décorée de sculptures surmontée par un auvent de verre teinté à l'ancienne manière. Une girouette de fer forgé est fichée au sommet pointu de son toit d'ardoise. Je fixe intensément les trois petites fenêtres qui se trouvent juste sous le toit. Une faible lueur brille derrière le rideau jaune de celle du milieu. Pourquoi devrait-il y avoir une lumière dans une maison vide depuis trois mois ? Un gardien peut-être ? Je dois vérifier cela de toute façon puisque c'est ma dernière chance de maintenir un lien avec le présent. Mais il me faut procéder avec discrétion, en passant par l'arrière de la maison. Il y a beaucoup de monde qui circule dans la rue maintenant et je me suis déjà assez fait remarquer. Je prends la première rue parallèle à l'Abelstraat. Je marche vite car rester immobile m'a littéralement gelé les pieds.

Je recherche un de ces étroits passages entre les immeubles qui permettent d'atteindre leurs jardins. Les premiers sont bouchés mais le troisième est accessible bien que jonché de détritus. Je parviens rapidement à localiser le 53, le seul à n'avoir que trois étages, grâce à sa girouette. Une lumière brille derrière les rideaux de la porte-fenêtre du deuxième étage. Cela élimine l'hypothèse du concierge. Il y a des habitants dans cette maison vide.

Un large balcon court sur toute la longueur du second étage : celui du troisième est plus étroit et les deux fenêtres sont éteintes. J'examine l'arrière des autres maisons. Presque toutes les fenêtres sont éclairées et la plupart des habitants n'ont pas pris la peine de tirer leurs rideaux. Je peux les voir tout en restant invisible, tout en bas, entre les murs sombres du jardin.

J'essaie la porte verte qui donne accès au jardinet. Elle est verrouillée de l'intérieur. Par chance, le faîte du mur n'est pas protégé par des éclats de verre et je peux l'escalader. Le jardin du 53 n'est qu'un mouchoir de gravier entouré d'une bande d'herbes folles. Dans le coin à ma droite, presque sous le balcon, se trouve un appentis et, renversé devant, un vieux bidon de fuel. Je le redresse, monte dessus puis sur le toit de la remise. De là, j'accède facilement au balcon. Après avoir enjambé la barre d'appui en fonte, je regarde avec crainte la rangée de maisons en face de moi. Mais aucune fenêtre ne s'ouvre et aucun cri d'indignation ne s'élève. Je m'avance avec précaution sur les planches mouillées jusqu'à une fente dans l'épais rideau qui pend en larges plis derrière la plus proche des portes-fenêtres. Mon visage collé au carreau, je jette un regard à l'intérieur.

Ce que je vois n'a rien de particulièrement intéressant : un homme corpulent, l'air morose, affalé dans un fauteuil. Le haut de son manteau déboutonné permet d'entrevoir un complet gris à rayures. Son chapeau melon laisse deviner un front large et dégarni. Ses mains sont croisées sur son ventre et ses longues jambes tendues vers un imposant radiateur électrique flambant neuf. À quelques pas de là, son carton d'emballage, sur lequel sont posés un cendrier et une petite radio, fait office de table. Ces objets modernes jurent en regard de l'antique et imposante cheminée de marbre rouge supportée par deux cariatides de marbre blanc. Leurs charmes semblent laisser l'homme indifférent. Sa mâchoire lourde, son visage jaunâtre et inexpressif, ses paupières tombantes à demi fermées et jusqu'au long cigare éteint entre ses lèvres charnues, tout en lui respire l'ennui.

De l'autre côté du radiateur se trouve une caisse en bois vide. Aucun autre meuble, en tout cas aucun que je puisse voir. Sur les murs, un papier rose à motif de fleurs dorées constellé de taches d'humidité. Des marques plus claires révèlent les endroits où étaient accrochés, jadis, des tableaux. Elles accentuent l'atmosphère de maniérisme fané du lieu. Le revêtement du sol a été enlevé, dévoilant les lattes nues du parquet. La lumière crue doit provenir d'une puissante lampe dans l'autre moitié de la pièce, hors de mon champ de vision, peut-être d'un imposant lustre de cristal comme il conviendrait dans une telle pièce. L'homme est trop bien habillé pour être le concierge : plutôt le propriétaire qui aurait décidé de camper dans sa nouvelle maison en attendant l'arrivée des meubles ou celle de son épouse car je viens de remarquer une grosse alliance en or à sa main boudinée. Quel qu'il soit, il a le droit d'être là et de s'y ennuyer. Je ferais mieux de repartir par le même chemin. Avec un portefeuille rouge que je ne peux rendre.

Soudain, une voix s'élève, quelque part au-dessus de moi. Je me plaque le plus possible contre le mur. J'ai été découvert par quelqu'un sur le balcon en retrait de l'étage supérieur. J'attends, retenant ma respiration. Mais rien ne se passe. J'entends de nouveau la voix. Je lève les yeux et lâche un soupir de soulagement. La trappe du linteau de la porte-fenêtre, à l'autre bout du balcon, est ouverte. J'avance sur la pointe des pieds jusqu'à cette fenêtre. Là, les épais rideaux sont écartés de quelques centimètres. Maintenant je distingue la pièce tout entière et j'éprouve un sentiment de satisfaction.

Dans la lumière éblouissante d'une ampoule pendant au centre de cette grande chambre je vois, à ma droite, deux hommes assis sur un vieux sofa tapissé. Entre eux et l'homme corpulent près du radiateur il n'y a rien qu'un grand espace de parquet nu. Deux portes blanc crème bordées de baguettes dorées s'ouvrent dans le mur qui me fait face. Les hommes sur le sofa portent d'impeccables complets bleu sombre et des cravates marron. Ce sont les individus qui ont agressé Évelyne dans la rue.

Le plus petit hausse ses épaules qui semblent rembourrées.

— Il n'y a rien à faire, dit-il d'une voix maussade. Pourquoi ne pas sortir, un moment ?

Il parle en arabe, en dialecte égyptien. Je suis plus familiarisé avec l'arabe de l'Hadramaout employé par les marchands arabes de Java mais j'ai fait un stage d'été en Égypte lorsque j'étais étudiant à Leyde et je pense que je pourrai en tirer quelque chose.

Le petit homme, penché en avant, les coudes sur les genoux, a une carnation très sombre, très lisse, de larges pommettes et un menton étroit et pointu. Ses yeux sont grands, sa bouche petite mais très rouge. Ses cheveux, d'un noir bleuté, tombent en boucles souples sur son front bas et ridé. Son veston est serré à la taille, les plis de son pantalon sont impeccables mais ses chaussures marron sont trop claires, presque jaunes. Il doit avoir dans les vingt-cinq ans et c'est lui qui m'a assommé.

L'autre, celui que j'ai terrassé, est grand et sec. Il s'est incliné en arrière dans le coin du sofa, ses longues jambes croisées, les bras repliés sur la poitrine. Il a un visage maigre et régulier, d'une teinte plus claire que son compagnon, avec une petite moustache et un nez aquilin proéminent. Il est plus âgé, environ quarante ans, pensé-je. Il fixe l'homme qui s'ennuie près du radiateur avec un regard lointain, le regard des habitants du désert. C'est de toute évidence un Égyptien de type bédouin, un beau spécimen du genre, je dois l'admettre. Le petit homme reprend avec impatience :

— Ne pouvons-nous pas sortir, hein ? Voir quelque chose de la ville ?

— Tu es nerveux, Mochtar. Tu ne l'étais pas en France, ni en Italie, ni en Allemagne.

Mochtar semble se renfrogner encore plus. Ses grands yeux brillent comme s'ils étaient mouillés. Il crispe sa petite bouche rouge et dit :

— Je déteste attendre, Achmad. Surtout dans cette satanée ville froide et humide.

Pointant son menton vers l'autre bout de la pièce, il ajoute :

— Tout cela à cause de ce gros idiot là-bas, ce stupide fils de chien.

— Figel a fait une erreur, c'est vrai, admet Achmad. On lui a dit que le *Djibouti* devait appareiller pour Alexandrie le dernier jour du mois et Figel a pensé que cela signifiait aujourd'hui. Mais il se trouve que ce mois a vingt-neuf jours cette année. Le *Djibouti* ne partira que demain. Nous n'avons rien d'autre à faire qu'à attendre.

Il s'exprime en un très bel arabe, avec la prononciation précise d'un homme familier et connaisseur de la langue classique. Son langage contraste avec le parler vulgaire et dialectal de son compagnon. Je me sens comme un spectateur au théâtre, aux premières loges. Les personnages sur la grande scène éclairée *a giorno* sont judicieusement placés : le gros homme en face du radiateur à l'extrême gauche, deux personnages sur un canapé à l'extrême droite et le centre vide, libre pour l'entrée du principal acteur s'il en vient un. Je n'ai pas besoin de consulter mon programme pour connaître les rôles : le gros homme avec le chapeau melon s'appelle Figel, le grand Égyptien Achmad et le petit Mochtar. Il y a un long silence et je ferme les yeux. Certaines personnes peuvent en effet sentir qu'on les épie. Soudain Mochtar prend à nouveau la parole.

— Sortons faire un tour, insiste-t-il.

Achmad écrase sa cigarette à moitié fumée dans le cendrier de verre posé entre eux et déclare avec arrogance :

— Je sais ce que tu entends par faire un tour, Mochtar. Et je te dis que c'est dangereux. Cette maison appartient à Figel : elle est inconfortable mais elle est sûre. Tu es un étranger ici et tu ne parles qu'un mauvais anglais. Qui sait ce que tu vas dire aux épaves avec lesquelles tu aimes t'associer ? Qui sait ce qu'ils rapporteront à d'autres ?

Il n'y a pas de réponse. Je jette à nouveau un coup d'œil à l'intérieur. La bouche rouge de Mochtar est contractée et il y a une lueur vicieuse dans ses grands yeux. Son voisin ne la remarque pas. Les yeux fixés droit devant lui, il reprend de la même voix sèche :

— Nous devons être là pour le retour de Meekhaeel. Je dois m'assurer qu'il n'y a pas de problème. Le Sheikh ne veut pas de complication.

Mochtar allume une cigarette d'un geste rapide et nerveux.

— Nous n'aurions pas dû perdre autant de temps pour cette affaire-là, grommelle-t-il. Ce genre de marchandise se trouve rapidement, partout.

— Pas pour Figel, apparemment.

De nouveau le silence.

Je me demande à qui Achmad a fait allusion. Le prénom Meekhaeel est familier des Arabes, du moins dans leur livre saint. Mais les musulmans ne l'utilisent pas comme prénom, seulement les Arabes chrétiens comme ceux du Liban. Je me retourne vers les maisons derrière moi et immédiatement un filet d'eau glacée me coule dans le cou. La bruine persistante trempe mon chapeau et mon imperméable.

— Vous qui parlez plusieurs langues, reprend Mochtar, demandez à ce gros chien à quelle heure part le *Djibouti* demain.

Il se tait puis ajoute avec désinvolture :

— Demandez-lui aussi pourquoi nous ne rentrons pas en avion. Nous sommes allés en Italie et en Allemagne en avion. Pourquoi revenir en bateau ?

Achmad lui lance un long regard critique. Alors que Mochtar détourne les yeux, il déclare :

— Je traduirai ta première question, Mochtar, pas la seconde. Parce que la seconde est hors de propos et que personne ne doit remettre en cause les ordres du Sheikh.

Dans un très bon anglais, il s'adresse ensuite à l'homme qui s'ennuie :

— À quelle heure le *Djibouti* doit-il appareiller demain, monsieur Figel ?

— Hein ? (Figel lui jette un regard mauvais.) À dix heures du matin. Nous devrons partir d'ici vers neuf heures car il y a un petit bout de chemin jusqu'au quai du Levant.

Figel s'exprime avec un accent allemand prononcé. Il rallume enfin son long cigare.

— Tu l'as entendu, dit Achmad placidement. Quand va donc arriver notre café ?

— La danseuse dort certainement. Pourquoi Figel emmène-t-il cette salope paresseuse ? Est-elle au courant pour l'autre marchandise ?

— Bien sûr que non. Tu es trop nerveux, Mochtar.

Il sort un étui à cigarettes plaqué or de sa poche avec un geste précis et lent. Tandis qu'il en choisit une avec soin, il dit à l'autre, sans même le regarder :

— Ce matin, tu as fait une réflexion inconvenante, Mochtar. Tu as dit que ma femme était belle. Et tu l'as dit il y a trois jours, à Hambourg, lorsque nous récupérions les dernières marchandises. Bien que tu ne sois qu'un gamin des bas-fonds de Port-Saïd, Mochtar, tu sais sans doute qu'un Arabe bien élevé ne parle jamais de l'épouse d'un autre, surtout pour faire des remarques sur son apparence. Puisque nous vivons tous les deux dans la demeure du Sheikh il est inévitable que tu croises de temps à autre mon épouse. Mais tu devrais éviter ce genre de remarques sur elle.

Achmad allume sa cigarette avec un briquet en or et expulse la fumée en un cercle parfait. Les grands yeux de Mochtar semblent s'agrandir davantage, le blanc ressortant sur sa peau sombre. Il veut dire quelque chose, se retient puis se tourne vers la porte. Mon hôte de l'Oudegracht pénètre dans la pièce. J'ai un frisson d'excitation. Maintenant, l'huile est sur le feu. Mais je suis déçu. Il écarte les mains en direction des deux Égyptiens assis sur le sofa puis retire son lourd manteau marron et l'accroche à un clou planté dans la porte. Il s'apprête à prendre aussi son chapeau de feutre mais, constatant qu'il dégouline de pluie, il se ravise, s'avance vers Figel et le pose sur le plancher, devant le radiateur. Il reste debout là, se réchauffant les jambes. Figel relève la tête et remarque :

— Tu en as mis du temps. As-tu trouvé quelque chose ?

— Rien. Et j'ai bien cherché, je peux te le dire. Juste au moment où j'allais partir j'ai été dérangé par un de ses anciens beaux. Je m'en suis débarrassé le plus vite possible. Ta vieille camionnette sent mauvais, Figel. Et j'ai eu des problèmes avec le starter.

Il parle anglais couramment et je peux maintenant déterminer son accent : c'est bien un accent américain.

— Tu as arrangé le starter toi-même, Miguel, remarque Figel avec agacement.

— Bien sûr.

Figel hoche la tête. Miguel s'adresse aux hommes sur le sofa.

— Il n'y avait rien.

Il allume une cigarette et se tourne vers Figel.

— Tu as tiré quelque chose du garçon ?

— Non. Je vous ai dit qu'elle ne parlait pas, n'est-ce pas ? Pas même à son idiot de fiancé.

La voix de Figel est tranchante.

Des images extravagantes se pressent dans mon cerveau. Évelyne et Bert sont emprisonnés ici, victimes d'un groupe d'escrocs internationaux. Je dois les aider à s'échapper, je dois…

L'autre porte s'ouvre et Évelyne apparaît, portant un plateau. Elle referme adroitement la porte avec son pied chaussé d'une pantoufle et s'avance vers Figel et Miguel. Elle pose le plateau sur le carton d'emballage. Miguel lui fait une place en face du poêle et elle reste immobile là, les mains enfoncées dans les poches de sa robe de chambre à haut col. Figel se redresse, prend une tasse de café sur le plateau. Miguel également. Je note automatiquement qu'il reste deux tasses.

Totalement abasourdi, je vois, comme dans un brouillard, Évelyne se pencher au-dessus de la radio, choisir une douce musique de jazz. Miguel lui propose une cigarette et l'allume pour elle. Je réalise soudain que mon visage est collé contre la vitre de la fenêtre et que celui qui tournerait la tête vers moi me verrait. Je m'éloigne d'un pas et m'adosse au mur de brique à côté de la fenêtre. Mes jambes tremblent.

Elle avait l'air radieuse, les joues rouges, les yeux noirs brillants.

Elle fait partie de ce groupe d'individus bizarres, elle est parfaitement à l'aise avec eux, heureuse même. La querelle dont j'ai été témoin dans la rue ne devait être qu'une altercation d'humeur, rapidement circonscrite par la suite. Ces gens-là sont probablement impliqués dans une ténébreuse affaire, mais cela ne me concerne pas puisque je ne suis pas un policier. Je ne suis qu'un idiot qui s'occupe de ce qui ne le regarde pas. Je dois repartir par le balcon, glisser le portefeuille d'Évelyne dans la boîte à lettres de sa maison et rentrer chez moi. Une nausée me monte à la gorge : certainement parce que je n'ai pas vraiment mangé aujourd'hui. Ce n'est pas une stupide erreur comme celle-ci qui a pu me mettre dans un tel état. Je ne peux être aussi idiot. Rapidement, je regarde de nouveau à l'intérieur, attendant avec désespoir que quelque chose se produise, n'importe quoi.

Je me concentre sur Mochtar maintenant. Il apporte deux tasses vers Achmad toujours assis sur le sofa. Il y a quelque chose de féminin dans la démarche affectée de Mochtar, un rien qui fait penser au pas léger d'un boxeur. Il est petit mais ses larges épaules, tout compte fait, ne doivent pas être rembourrées. Il a mis beaucoup de force et d'expérience dans le coup qu'il m'a donné à la mâchoire.

À présent, Évelyne, assise sur la caisse en bois, balance son corps au rythme d'une mélodie sud-américaine assez séduisante. Figel ne semble pas l'apprécier : il fixe le poste de radio d'un œil sombre. Miguel boit doucement son café, marquant la cadence de son pied droit. Les deux femmes grecques dénudées contemplent d'un air vague leur fardeau de marbre ; un joli petit cocktail international pour tuer gentiment le temps. Bert Winter me sauve. Je dois m'attarder un peu car Bert n'est pas encore entré en scène. J'ai conçu un sentiment presque paternel pour cet étudiant passionné et romantique qu'Évelyne a laissé tomber. Il me faut donc regarder la pièce derrière l'écran de verre encore un petit moment ; en tant qu'observateur neutre maintenant, totalement neutre.

Évelyne se dresse, soulève légèrement le bas de sa robe de chambre et exécute quelques pas de danse. Je remarque les larges revers d'un pantalon de pyjama bleu nuit serré autour de ses petits pieds chaussés de pantoufles : un délicieux tableau. Mais ni Figel ni Miguel ne semblent intéressés. Figel mâchouille son cigare. Miguel allume une nouvelle cigarette au mégot de l'ancienne : un fumeur à la chaîne. Les deux Arabes sirotent leur café. Nous sommes des observateurs neutres : Figel et Miguel, Achmad et Mochtar et moi.

Évelyne augmente le son de la radio et la musique résonne alors très fort. Figel lève enfin vers elle ses yeux aux paupières épaisses. Mais elle secoue la tête et montre les murs, arguant certainement qu'ils sont si épais que les locataires de la pension Jansen ne seront pas gênés. Puis elle tend la main vers la porte-fenêtre et je baisse la tête le plus vite possible.

Je reste ainsi un moment, me sentant mouillé, glacé, misérable. Finalement, je décide de jeter un dernier coup d'œil à la compagnie avant de partir. Ce que je vois me coupe le souffle. La robe de chambre marron ainsi que la veste de pyjama bleu nuit d'Évelyne sont posées sur la caisse. Elle est debout près de la radio, vêtue simplement d'un soutien-gorge de satin blanc et de son pantalon de pyjama. Ses épaules rondes et ses bras sont très blancs dans la lumière crue de la lampe, sa taille blanche étroite entre ses hanches et sa poitrine généreuse. Sa ressemblance avec Lina me contracte les entrailles. Ses yeux brillants surveillent les deux Arabes sur le sofa avec une intensité curieuse et calculatrice. Achmad examine attentivement le contenu de sa tasse de café, Mochtar joue avec son briquet, allumant puis éteignant la flamme. Figel ne regarde pas la fille non plus. Il fixe la radio avec l'air de se demander comment un si petit objet peut produire une musique aussi forte. Miguel se cure les ongles avec un canif de poche. Leurs attitudes complètement détachées m'aident à conserver mon propre rôle d'observateur neutre.

Évelyne, tout en ondulant des hanches, se penche pour dire quelque chose à Figel. Il hausse les épaules puis se retourne et lance un simple mot aux deux Égyptiens. Je ne le comprends pas, contrairement à Mochtar qui souffle à Achmad :

— Un de ces numéros de bordel.

Les yeux d'Achmad sont sur la fille maintenant.

— Va le chercher ! ordonne-t-il.

— Comme si j'avais envie de dormir dans des draps mouillés, lâche Mochtar d'une voix tranchante.

— Fais ce que dit Figel, conclut Achmad d'un ton neutre.

Mochtar jure, pose sa tasse sur le sol, se lève brusquement et disparaît par la porte de droite.

Je devrais partir moi aussi. Je ne sais ce qui va se passer mais je sais parfaitement que, quoi que ce soit, je ne devrais pas y assister. Mais je reste. Évelyne doit fredonner les paroles de la chanson car je vois ses lèvres bouger. Elle contemple maintenant Figel d'un air presque tendre. Mais Figel a rallumé son cigare et exhale la fumée en direction de la radio. Il a repoussé son chapeau melon si loin sur son front que je m'attends à le voir tomber d'un instant à l'autre. Ses épais cheveux sont poivre et sel.

Mochtar revient, portant avec précaution un paquet de linge blanc. Des gouttes tombent sur le parquet. Il demande à Figel quelque chose que je ne saisis pas à cause de la musique. Du bout de son cigare, Figel lui montre un crochet de fer fiché dans le mur, près de la porte.

Mochtar sort de sa poche droite un rouleau de cordelette dont il noue l'extrémité à l'un des coins du linge humide. Je vois alors qu'il s'agit d'un drap de toile fine. Mochtar regarde le crochet ressortant du papier peint rose fané puis la longueur de la corde dans sa main. Il semble hésiter.

— Coupe-la en deux, lâche Achmad d'une voix rauque.

Mochtar laisse filer la cordelette souple entre ses doigts avec un geste élégant. Ses yeux se déplacent vers la fenêtre et je fais rapidement un pas de côté.

— C'est assez long, déclare-t-il.

Je me suis déplacé juste à temps. Les rideaux se sont brusquement ouverts et un flot de lumière éclaire le balcon. Après quelques secondes d'angoisse, les rideaux sont de nouveau fermés. J'entends Mochtar déclarer :

— Cela ira. Stupide affaire.

Il s'éloigne et je regarde de nouveau. En refermant les rideaux, il a laissé une ouverture aux extrémités. La moitié droite de la pièce est cachée par une toile. L'ampoule nue, derrière l'écran, fait miroiter le drap humide aussi brillamment qu'un écran de cinéma. Au centre rougeoie la lueur du radiateur électrique. À droite, à demi caché par l'écran, je peux voir Figel toujours affalé dans son fauteuil. Miguel n'est plus là. Par contraste, l'autre moitié de la pièce, celle du sofa, paraît très sombre mais je peux distinguer les contours d'Achmad, de Mochtar et de Miguel installé entre eux. Ils sont tous trois assis, immobiles. Je peux à peine deviner leurs visages.

Une gigantesque ombre apparaît sur l'écran, grisée et comme estompée. Soudain, en s'éloignant, elle fait place à la silhouette noire, parfaitement dessinée d'une femme, les jambes écartées, les bras relevés au-dessus de la tête, les hanches ondulant aux pulsions de la musique. Évelyne, totalement nue, danse derrière l'écran.

Mochtar avait raison, pensé-je. Ce n'est rien d'autre qu'un stupide numéro de night-club, une sorte de strip-tease. Mais, en même temps, c'est quelque chose de complètement différent dans la mesure où le numéro commence là où s'arrête le strip-tease car l'écran dévoile autant qu'il cache. Il révèle tous les détails du corps avec une clarté déconcertante. L'éclat rose de la chair lui-même transparaît lorsqu'elle frôle la toile. Peut-être n'est-ce cependant que la lueur du radiateur qui forme un halo autour de ses hanches en mouvement ? Seul l'abandon sauvage de cette version dansée de l'acte d'amour l'empêche de n'être qu'une répugnante et obscène parodie.

— Tu vois à travers un voile, un voile de tissu qui te sépare de son corps. Mais il y a un second voile, un voile de verre, qui te sépare de son monde.

J'ai parlé à voix haute et l'instinct primitif de conservation me fait lancer un regard rapide aux trois hommes sur le sofa. Ils sont immobiles, leurs yeux braqués sur l'écran. Figel a levé la tête et, toujours aussi impassible, contemple la danseuse. Mais il est assis derrière l'écran et il la voit sans artifice.

Un vertige soudain me saisit. Le voile, le double voile est brusquement déchiré en deux par une vague de passion sauvage longtemps contenue. Ce feu se nourrit de lui-même, essence de tous les désirs que j'ai connus, encore intensifiés par la rage animale du partage de la chair. Je commence à trembler si violemment que je dois, pour me reprendre, poser les paumes de mes mains contre la vitre. Oubliant toute précaution, je presse mon visage contre le panneau glacé. Toutes les fibres de mon corps s'identifient à cette ombre qui m'appelle, cette ombre sur l'écran où le passé et le présent se mêlent ardemment.

La musique cesse enfin et la silhouette de la femme nue se fond en une indistincte forme grise. L'écran est de nouveau vide. Je tombe sur les genoux, pressant les manches humides de mon imperméable contre ma bouche pour réprimer mes sanglots. L'arête tranchante des planches de bois me meurtrit les genoux et la pluie glacée inonde ma tête nue.

Après un laps de temps que je suis incapable d'estimer, je tâtonne comme un aveugle à la recherche de mon chapeau et le remets sur ma tête. Resserrant mon imper, debout sur ce balcon, je me sens soudain très calme. Je sais que j'ai trouvé la solution maintenant. J'avais mal abordé la vie, d'une façon complètement fausse. À présent j'ai découvert la voie juste, la seule issue. Elle éclaire un chemin droit, du passé vers le présent. Et vers l'avenir.

Sans passion, je surveille la pièce. Le drap forme un tas sur le sol. Achmad et Mochtar sont immobiles sur le sofa. Mochtar semble tranquille ; Achmad a la tête penchée, les coudes sur les genoux. Miguel est retourné près du radiateur. Il polit ses ongles avec son mouchoir. Évelyne, debout en robe de chambre à côté de lui, tire sur sa cigarette avec des gestes rapides et nerveux. Figel tend le bras, éteint la radio qui passe maintenant des publicités. Alors qu'il s'apprête à se réinstaller confortablement, ses yeux se posent sur la plus proche des cariatides qui soutiennent la cheminée. L'air pensif, il éteint son cigare sur le ventre rebondi d'une des statues. Puis il s'appuie au dossier de son fauteuil, sort une boîte en argent de sa poche de poitrine et demande à Miguel :

— Alors, qu'en penses-tu ?

Miguel hausse les épaules. Il fait jouer la lumière du radiateur sur les ongles de sa main droite puis il dit :

— Pas mal.

Évelyne se retourne vers lui et lui lance une remarque irritée. Mais Figel lève la main. Il coupe le bout d'un nouveau cigare, l'allume et déclare gravement :

— Miguel a raison.

Peut-être parle-t-il plus fort que tout à l'heure, peut-être mes sens sont-ils devenus particulièrement aigus. Je saisis maintenant le moindre de ses mots avec une netteté parfaite.

— Pas mal, mais pas assez bon pour des spectateurs arabes. Ils n'ont rien contre ce genre de cabrioles au lit. Mais, lorsqu'ils vont voir une danse, ils veulent une vraie danse.

Il interpelle Achmad.

— Pensez-vous que cela pourrait aller ?

Achmad relève la tête et répond lentement :

— À Beyrouth peut-être.

Sa voix grince, elle a perdu son beau timbre.

— Pas au Caire et pas à Damas. Pas même à Bagdad. Ils veulent voir de la danse du ventre.

— Tu vois, dit Figel à Évelyne.

— C'est tout le problème : une vraie danse du ventre, renchérit Miguel. Tu ferais mieux d'apprendre et de grossir un petit peu, ma fille. Ils apprécient les femmes en fonction de leur poids, là-bas.

Évelyne l'ignore.

— Je pourrai apprendre, n'est-ce pas ? demande-t-elle en allemand à Figel. Il doit y avoir des professeurs là-bas.

Figel hoche la tête.

— Ne t'en fais pas, répond-il en allemand. Nous nous en occuperons le moment venu.

De toute évidence, l'allemand est sa langue maternelle.

Évelyne est de nouveau souriante. Elle resserre la ceinture à gland de sa robe de chambre, salue de la tête Figel et Miguel et se dirige vers la porte. Elle l'ouvre, fait un signe de main en direction d'Achmad et de Mochtar et disparaît. Miguel regarde sa montre.

— Je dois partir maintenant. Il est neuf heures et demie. On se retrouve demain. Sur le quai.

— Ne sois pas en retard, recommande Figel.

Il contemple d'un air ennuyé son cigare à nouveau éteint.

— Mon hôtel est sur le Zeeburgerdyk, l'informe Miguel. Mon numéro de téléphone est le 99. 0. 6. 4. Voilà, je vous le note ainsi que l'adresse. On ne sait jamais.

Il cherche de quoi écrire. Tout cela ne m'intéresse plus. Tout est en place maintenant. Ce sont des trafiquants d'esclaves : ils représentent les deux plus importants marchés de cette traite : à savoir le Moyen-Orient et l'Amérique latine. J'aurais dû le comprendre dès le début. Je vais jusqu'à l'autre bout du balcon, vers le mur de brique qui le sépare de celui de l'institut de recherche. J'enjambe la balustrade et grimpe sur le mur. La brique est glissante et un véritable gouffre s'ouvre derrière moi. Mais je m'en moque, je veux atteindre le balcon en retrait du troisième. Je parviens à empoigner les barres d'acier de sa balustrade. Comme je me hisse, mes muscles négligés depuis longtemps protestent mais je réussis à mettre le pied sur la plateforme de zinc.

La double fenêtre n'a pas de rideau et il n'y a pas le moindre meuble dans la grande pièce au plafond bas. Les fenêtres sont fermées de l'intérieur par une tringle coulissante. Si l'on en croit ce que j'ai lu des centaines de fois, il suffit de presser un morceau de papier d'emballage préalablement savonné sur le panneau vitré puis de donner un coup sec. Un travail facile donc si vous avez du papier et du savon. Ce n'est pas mon cas. Mais je repère un petit trou dans le coin inférieur gauche de la vitre d'où part une longue fêlure en diagonale. Je secoue la vitre avec beaucoup de soin. Avec un petit tintement, le panneau se brise et je peux en enlever un grand morceau. Après l'avoir appuyé contre le mur, je passe mon bras par l'ouverture, tourne la poignée et ouvre la fenêtre.

Je traverse rapidement la pièce glaciale dont la porte donne sur un couloir obscur. La seule lumière vient du linteau de la porte d'en face. Les autres sont sombres. La pièce éclairée doit être celle d'Évelyne : le grenier que j'ai remarqué de la rue.

Je frappe doucement à la porte.

— Qui est là?

C'est sa voix.

J'essuie rapidement mon visage mouillé avec mon mouchoir et repousse mes cheveux en arrière. Puis j'ouvre la porte. La mansarde, plongée dans une demi-obscurité, semble bien chauffée et une odeur de parfum bon marché flotte dans l'air. Elle se retourne sur son tabouret d'acier, resserre le devant de sa robe de chambre tout en me dévisageant d'un air étonné.

Je reste debout dans l'embrasure, mon chapeau ruisselant à la main. J'entends les gouttes d'eau tomber sur le plancher.

— Encore vous, dit-elle. Fermez la porte.

Elle se lève, m'indique le tabouret et je m'assois. Elle s'installe sur le bord de l'unique meuble, un mauvais lit de fer.

À côté de moi, une coiffeuse faite de trois valises empilées et, dessus, quelques pots de crème, de minuscules flacons de parfum, un broc à eau et un gobelet en plastique. Un petit miroir de voyage, flanqué de deux brosses à cheveux, est appuyé contre le mur de plâtre. L'unique lumière vient d'un radiateur chauffant au maximum. Je distingue vaguement un tricot et quelques vêtements féminins accrochés à des clous plantés dans le mur. Elle parle la première.

— Je peux tout expliquer, dit-elle avec empressement.

Elle se penche vers moi et ajoute en murmurant rapidement :

— Il n'y a pas de mal. La dispute à laquelle vous avez assisté dans la rue n'était qu'un malentendu.

Nos têtes sont si proches que je peux sentir l'odeur de ses cheveux. Plus rien ne nous sépare, plus d'écran, plus de voile de glace.

— Vous êtes en affaire avec des escrocs, mademoiselle Vanhagen, dis-je d'une voix pondérée. Figel vous a probablement fait miroiter une tournée au Moyen-Orient. Mais, une fois là-bas, vous serez vendue dans une maison close et vous ne reverrez jamais Amsterdam.

— Il doit y avoir une erreur, monsieur.

Sa voix est très amicale, persuasive.

— M. Figel représente un certain nombre de compagnies de commerce, au Liban. Il est sur le point de rentrer chez lui après avoir noué de nouveaux contacts en Europe. Les deux Égyptiens que vous avez vus avec moi sont ses assistants. Je suis réellement désolée que vous ayez été assommé, monsieur. Le fait est qu'ils sortaient tous deux d'un bar. Ils ont commencé à m'importuner juste au moment où nous allions rentrer et je me suis mise en colère. C'était très mal de ma part de donner un faux nom à la police, mais je sais que M. Figel n'aime pas que l'on parle de lui et cela m'a paru la meilleure solution, sur le moment. Vous pouvez tout vérifier avec lui, monsieur. Il est à l'étage du dessous.

Elle m'adresse un sourire engageant. Ses joues luisent à la lueur du radiateur et ses grands yeux semblent pétiller.

— M. Figel n'a pas la moindre intention de me vendre, monsieur. Je l'ai rencontré à mon travail et lorsque je lui ai dit que je voulais voir le monde, il m'a engagée comme secrétaire. Vous avez été mal informé. Quelqu'un de votre service a fait une erreur.

Cela ne peut continuer ainsi.

— C'est vous qui faites erreur, mademoiselle Vanhagen, lui dis-je avec lassitude. Je ne suis pas un policier.

Elle hausse les épaules avec impatience.

— Naturellement, vous n'êtes pas un policier ordinaire. Vous appartenez au service spécial, celui qui s'occupe des étrangers.

— Non. Hendriks est mon vrai nom et je suis comptable au grand magasin du Byenkorf.

— Bon, si cela peut vous faire plaisir, alors…

Soudain elle se tait et me lance un regard interrogateur. Je vois que le noir de ses pupilles est piqué de marron. Nous restons les yeux dans les yeux un instant puis elle reprend, doucement :

— Oui. Je vous crois. Mais alors, pourquoi êtes-vous ici ?

Je sors le portefeuille rouge de ma poche et le lui tends.

— Parce que je voulais vous rendre ceci.

Elle le pose sur le lit derrière elle sans lui jeter un regard et dit :

— Mon adresse est dedans. Pourquoi ne pas l'avoir expédié par la poste ?

Je recule le tabouret afin d'appuyer mon dos douloureux contre le mur, pose mon chapeau sur le sol et sors mon étui à cigarettes. Je lui en offre une, allume la sienne et la mienne puis je dis :

— J'ai remarqué que vous n'aviez pas pressé la sonnette de la pension Jansen. En voyant de la lumière à la fenêtre de la mansarde de cette maison vide, j'ai pensé que vous pouviez habiter ici clandestinement, et la carte d'identité trouvée dans votre portefeuille prouvait que vous aviez donné un faux nom à la police. Je suis venu ici parce que je pensais que vous aviez des ennuis et que vous pouviez avoir besoin d'aide.

— Comment êtes-vous au courant à propos de Figel ?

— J'ai dû grimper jusqu'ici par l'arrière de la maison. En passant sur le balcon d'en dessous, j'ai fait une pause et j'ai entendu des bribes de conversation entre Figel et un nommé Miguel.

Elle fume en silence un moment. Puis elle me jette un regard en coin et dit avec une pointe d'ironie :

— Je savais qu'il fallait de sérieuses qualifications pour travailler au Byenkorf mais j'ignorais qu'ils attendaient de leurs comptables des talents de rat d'hôtel ! Je ne suis pas certaine que vous êtes ce que vous prétendez, mais je vais tout de même vous dire la vérité. Vous êtes venu ici pour m'aider et je ne veux pas que vous croyiez que je n'apprécie pas cela.

Elle se penche pour éteindre sa cigarette sur le couvercle d'une des boîtes de crème. Une nouvelle fois, je sens l'odeur de ses cheveux : et de son corps. Elle met ses mains dans les poches de sa robe de chambre et reprend d'un ton égal :

— Figel est bel et bien un homme d'affaires comme je viens de vous le dire mais je ne suis pas sa secrétaire. Je ne sais même pas me servir correctement d'une machine à écrire. Je peux chanter et danser tant bien que mal, mais pas assez bien pour espérer obtenir quoi que ce soit, jamais. Figel, entre autres choses, joue le rôle d'imprésario. Je l'ai rencontré il y a deux mois, « Chez Claude », le dancing où je fais un petit numéro de danse. Il m'a dit qu'il vivait au Liban et je lui ai demandé, presque par boutade, s'il pouvait m'arranger une tournée au Moyen-Orient. Il m'a donné son adresse à Beyrouth, m'a conseillé de lui envoyer une photo de moi et m'a assurée qu'il verrait ce qu'il pourrait faire. Voilà, j'ai expédié la photo comme on achète un billet de loterie. Mais, à son retour, la semaine dernière, il m'a dit que tout était arrangé et que je pouvais l'accompagner à Alexandrie sans avoir rien à payer.

Elle se tait, attend ma réaction. Je m'efforce de garder le silence ; elle hausse alors les épaules et continue :

— Je devrais rester là-bas six mois environ, voir un peu le monde, économiser de l'argent si j'ai de la chance. Ces gens qui vivent du pétrole ont des montagnes d'argent et ils ne sont pas aussi critiques que les spectateurs des night-clubs d'ici, à Amsterdam. Quand je reviendrai, je verrai bien ce que je pourrai faire avec mon fiancé : il est étudiant. Il était plutôt triste quand il a appris que j'allais partir. Figel le connaît. Il l'a même invité à dîner, ce soir, pour lui faire oublier un peu tout cela et lui a dit que tout allait bien se passer.

— Tout ne se passera pas bien, répliquai-je, et mon avertissement est toujours valable. Je suis allé dans ces pays. Je sais que ces bars, ces night-clubs, appelez-les comme vous voulez, recrutent des entraîneuses en Grèce, en Italie, dans le sud de la France, jamais à Amsterdam. Je n'aime pas non plus l'histoire de la photo. Était-ce un portrait ?

— Non, avoue-t-elle calmement, un peu plus.

— C'est bien ce que j'imaginais. Cela veut dire que Figel l'a montrée à la ronde à quelques débauchés et l'un d'eux a été intéressé.

— J'ai su me tirer d'affaire ici, à Amsterdam, dit-elle avec humeur, je ne vois pas pourquoi je ne saurais pas en faire autant en Orient.

— Vous ne savez pas de quoi vous parlez. Ils ne vivent pas comme nous, là-bas. La femme est considérée comme une marchandise et traitée comme telle. Et personne ne lèvera le petit doigt pour vous aider.

Elle se mordille les lèvres et fronce les sourcils. Puis, soudain, son visage s'illumine d'un large sourire.

— Vous êtes un homme étrange, monsieur Hendriks, mais je crois que vous savez ce que vous dites. Je vais réfléchir à votre conseil avec soin, ce soir. Je dois avouer que l'intérêt que vous me portez est très flatteur. Pourquoi ne retirez-vous pas ce manteau humide ? Pendant qu'il sèche, nous pourrions parler de choses plus plaisantes que de cette histoire de traite des Blanches. De vous, par exemple. J'aimerais beaucoup. Ces gens, en bas, pensent que je suis couchée et personne ne viendra nous déranger.

Son ton en dit plus long que ses paroles. Mais j'ai l'intime conviction que ce n'est que le début de quelque chose. Afin que nos rapports ne se limitent pas à une rencontre fortuite, je me lève et dis :

— Plus tard je vous raconterai tout ce que vous voulez. Si vous suivez mon conseil, naturellement.

Je sors mon portefeuille, inscris mon numéro de téléphone sur une de mes cartes de visite. Après la lui avoir tendue, je note le numéro 99. 6. 0. 4. sur un vieux billet pour mon propre compte. On ne sait jamais, comme disait Miguel. Puis je demande :

— Vous pouvez partir d'ici rapidement si vous le voulez, n'est-ce pas ?

— Bien sûr. Ces valises contiennent tout ce que je possède.

Elle se lève aussi.

— Si je vous appelle demain matin, pourriez-vous venir me chercher ?

— Je le ferai. J'ai une Volkswagen, vieille mais qui fonctionne encore.

Ses lèvres effleurent les miennes. Comme elle s'éloigne de moi, elle remarque avec bon sens :

— Vous feriez mieux de repartir par la grande entrée. C'est plus sûr et plus facile, j'imagine.

Elle va à la porte et murmure :

— Attendez ici. Je vais vérifier que la voie est libre. Inutile de créer une situation embarrassante.

Elle ferme la porte sans bruit et je m'assois sur le bord du lit. Il y a bien longtemps que je ne me suis pas assis ainsi sur le lit d'une femme. Ce simple fait dénote une intimité discrète que je n'ai jamais vraiment appréciée à sa juste valeur lorsque je reconstruisais le passé, avant que le voile ne se déchire et que je redécouvre le présent. Il me semble que, ces dernières années, j'ai considéré à tort beaucoup de choses comme des évidences. Il me faudra les réinterpréter, ou au moins les formuler en d'autres termes. Elle se glisse près de moi, haletant un peu.

— Ça va, souffle-t-elle. J'ai écouté à la porte du salon. Ils sont tout à leur conversation. Au revoir.

Elle me tend mon chapeau, presse quelque chose de plat et de froid dans la paume de ma main.

— C'est la clef de l'entrée. Si vous n'en avez pas besoin, gardez-la. En souvenir.

Elle me pousse dehors et referme la porte sans bruit derrière moi. Marchant doucement sur le parquet du couloir, je me dirige vers l'étroit escalier. Là, je m'immobilise un instant pour écouter. La maison est silencieuse. J'entends seulement le ronflement d'un camion qui passe dans la rue. Il n'y a pas de tapis. Je marche avec précaution afin d'éviter de faire craquer les marches. La grande entrée du rez-de-chaussée est faiblement, mais artistiquement éclairée par la lumière d'un lampadaire de la rue qui filtre à travers les vitres sales d'une haute fenêtre gothique. Des taches claires adoucissent le visage sévère de l'empereur romain dont le buste est placé dans une niche du mur nu. Les femmes de marbre, dans le salon, ne sont après tout peut-être pas grecques mais romaines. Des gens aisés et cultivés vivaient ici, des gens avec un goût démodé pour l'art de la Renaissance.

J'atteins l'épais tapis en haut du grand escalier. La rampe de chêne massif se termine par la sculpture grandeur nature d'une tête de Janus, le dieu aux deux visages. Comme je pose ma main sur ses boucles de bois, je suis frappé violemment derrière la tête.

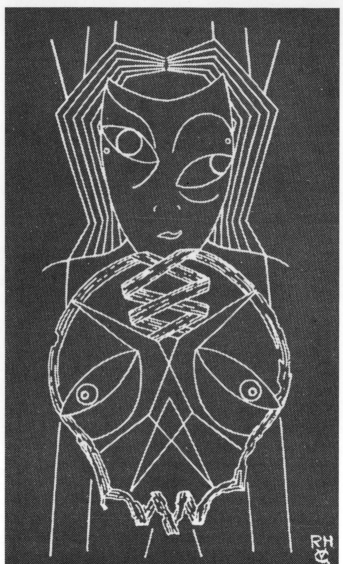

La neige du mont Fuji

Tout est sombre et froid. Mes oreilles bourdonnent et une douleur brûlante me déchire les poumons. Je veux arracher de mon visage la chose douce et collante qui m'étouffe mais une souffrance atroce me lie les épaules et je sais que je ne dispose plus de mes bras. La chose douce qui m'étouffe et m'aveugle a quelque peu bougé et l'air froid pénètre maintenant dans mes poumons comme y pénétrerait un couteau. Le scalpel du chirurgien. Je suis couché sur la table d'un bloc opératoire, les jambes et les bras retenus par des sangles. Je veux crier, prévenir l'infirmière que l'anesthésie n'a pas d'effet. Mais tout devient vague et flou.

Je me réveille. Une douleur soudaine me fait éclater le crâne. Je suffoque. L'air ne me meurtrit plus les poumons : il est lourd et épais, chargé de poussière. Je commence à tousser. La pression de mon sang va me faire sortir les yeux de la tête et la cicatrice de mon front m'élance si violemment qu'elle ne va pas tarder à s'ouvrir elle aussi. Je réalise que j'ai toujours mes bras mais qu'ils sont attachés derrière mon dos, que je suis couché sur eux, à même le sol, recouvert d'une couverture épaisse et douce. Je suffoque. Bientôt je serai mort. Déjà je suis glacé jusqu'à la moelle comme il convient à un cadavre.

J'ouvre ma bouche desséchée. L'air est très chaud maintenant. J'essaye d'avaler ma salive et une horrible sensation de malaise me soulève l'estomac. J'ai un violent haut-le-cœur, le liquide aigre qui remonte dans ma gorge manque de m'étouffer. J'arrive à en cracher un peu mais une partie s'insinue dans mes cavités nasales et je commence à éternuer et à tousser. Je sais maintenant ce qui m'arrive. Les Japonais me soumettent une fois de plus à la torture de l'eau. Je suis sur le point de me noyer et ils vont ôter la serviette humide de mon visage. Mais la serviette est sèche, pleine de poussière. J'ai du mal à respirer et je sais que je ne vais pas tarder à mourir.

Je suis mort et je suis deux entités distinctes : un corps sans vie et un esprit vivant. Le corps doit être mort puisque je ne ressens plus aucune sensation physique. Je ne respire plus, mes membres ne me font plus mal, je suis aveugle et sourd. Mais dans mon esprit vivant et alerte une phrase se forme : « La femme est la mort et le désir de la femme est le début de la mort. » Les mots s'inscrivent clairement dans mon esprit. Je dois les avoir lus quelque part. « La femme engendre la mort parce qu'elle engendre la vie nouvelle. » Ce doit être un texte bouddhiste. Il y a un cercle extérieur qui retient tous les êtres humains dans un esclavage dont ils sont responsables, l'esclavage de leur désir, de leur amour et de leur haine. Mais je me suis échappé du cercle car mon corps et toutes ses sensations sont morts. Comment tout cela peut-il m'atteindre ? Il y a un nom de femme : Lina. Mais Lina est morte. Il y a aussi une tête à double visage. Quel peut être le rapport ? Je ne parviens pas à trouver la réponse mais je m'en moque car je suis un pur esprit et l'esprit est libre, libre comme un oiseau dans le ciel. Si je décide de mourir complètement, je mourrai mais je peux choisir de rester dans le monde du silence, entre la vie et la mort. Ne les laissons pas enlever la serviette car s'ils le font, mes émotions reprendront possession de moi et tout d'abord la colère, la colère contre le capitaine Uyeda.

Oui, je suis en colère contre le capitaine Uyeda. Mais je ne le hais pas, en tout cas pas lorsque la torture cesse et que je suis encore deux êtres distincts, un corps mort et un esprit vivant. En ces secondes de rupture mon esprit flotte encore dans l'air bleu et glacé. De plus, Uyeda était mon bourreau et un lien presque mystique unit toujours l'assassin et sa victime.

Nous sommes très proches l'un de l'autre, moi, couché sur le ciment de la prison et lui, perché sur son tabouret de fer. Il me contemple de haut à travers ses épais verres de lunettes, tel un hibou perplexe.

— La torture est parfois un encouragement à la méditation, dit-il dans son anglais lent et précis. Vous êtes en colère parce que je vous ai obligé à quitter les neiges éternelles du mont Fuji.

Il repousse ses lunettes et ajoute pensivement :

— Du mont Wu-Tai, devrais-je dire plutôt. C'est le nom que l'on trouve dans les originaux chinois des textes zen. Nous disons mont Fuji car le mont Fuji est notre montagne sacrée. Nous autres Japonais avons tendance à nous considérer comme le centre du monde. C'est une imitation déplacée et pitoyable de l'attitude chinoise. Une grave erreur pour laquelle nous paierons très cher, je le crains.

Il soupire, feuillette la pile de papiers pelure posée sur son bureau : les comptes rendus de mes interrogatoires. Le capitaine Uyeda a toujours plusieurs liasses de ces notes devant lui. Elles sont soigneusement reliées par une ficelle rouge. Il les aime et je les aime aussi car, lorsqu'il les consulte, cela signifie pour moi un répit. Et j'ai vraiment besoin de ces sursis, surtout pendant cette période de Noël 1944 où j'ai été torturé avec une cruauté particulière. Deux soldats m'ont relevé et me soutiennent sous les bras. L'un d'eux conserve sa main droite libre, toujours, comme le voulait le règlement. Le capitaine Uyeda médite sur ses notes. Il redresse tout à coup la tête et me contemple à travers ses lunettes cerclées de corne.

— Ce matin, vous ne m'avez pas souhaité joyeux Noël, dit-il sur un ton de reproche. Il m'est apparu que même dans la douleur la plus intense vous n'en appeliez jamais à Dieu. Vous devriez, en tant que chrétien.

— Je n'implore jamais ce en quoi je ne crois pas, murmuré-je entre mes lèvres ensanglantées.

Uyeda hoche pensivement la tête.

— Cela signifie que vous êtes athée. Dites-moi pourquoi.

Je sais que si je ne réponds pas le soldat de droite me frappera un coup sur la tête avec son bâton. Je m'évanouirai et ce sera la fin de la torture. Pour aujourd'hui tout au moins. Je suis devenu très intelligent à propos de ce genre de choses. Aussi, je ne réponds pas. Mais Uyeda a fait un signe au soldat qui ne me frappe pas.

— J'aimerais vraiment savoir, dit-il gentiment. J'ai dû suivre des cours dans un collège chrétien à Kobe pendant un semestre il y a quelques années, pour surveiller les opinions politiques des étudiants et pour améliorer mon anglais. Tous les professeurs étrangers croyaient en Dieu.

Le calme même de sa remarque me met en rage.

— Regardez cette cruauté insensée, cette violence bestiale, la monstrueuse injustice et l'abjecte souffrance du monde, cela depuis des milliers de siècles. Regardez cette comédie écœurante que nous appelons la vie. Comment pouvez-vous sérieusement croire qu'un pouvoir supérieur tolérerait…

Le soldat de droite me donne un coup, mais pas sur la tête. Ce salaud me frappe avec force sur le devant du tibia.

— Dites pardon d'avoir parlé en criant à officier impérial, aboie-t-il.

Je me mets à pleurer de rage contenue. Le capitaine Uyeda me contemple d'un air étonné.

— Très intéressant, commente-t-il. Je dois comparer votre réponse avec celles données par nos communistes japonais. Je vais demander à la police militaire de Tokyo de me faire parvenir leurs interrogatoires.

J'ai l'habitude de son regard perdu. Lorsque l'on me contraint d'assister à la torture d'autres prisonniers, je regarde le capitaine à la place. Il a toujours cette même expression. Il ressemble à un chirurgien explorant avec patience les plus intimes recoins du corps humain. Cette curiosité impersonnelle fait d'Uyeda le pire des bourreaux, bien pire que les stupides et brutaux subalternes de la police militaire. Il y avait la même lueur énigmatique dans ses yeux lorsque nous l'avons pendu, plus tard. J'avais été désigné pour lui passer la corde au cou alors qu'il se tenait debout en dessous de l'arbre. Seul son bras droit avait été lié derrière son dos. Le gauche avait été brisé lorsque les autres prisonniers l'avaient rossé avec son propre bâton. Alors que notre docteur lui proposait de le lui remettre en place, le capitaine Uyeda avait dit :

— Laissez cela. Vous me pendrez par le cou, pas par le bras.

Les anciens prisonniers sont totalement silencieux maintenant, en cercle autour de nous qui sommes sous l'arbre. Ils ressentent le lien mystique entre le bourreau et sa victime. Après que j'eus passé le nœud coulant autour de son cou, les dernières paroles du capitaine Uyeda furent :

— S'il vous plaît, vérifiez ce que je vous ai dit au sujet du zen. Mes livres sont restés au Japon et j'ai peut-être fait des erreurs de citation.

Alors que nous jugions les autres criminels de guerre, un lieutenant japonais qui avait connu autrefois le capitaine Uyeda me dit qu'il avait été le disciple d'un vieux maître zen à Kyoto. Il avait fait des progrès satisfaisants mais le maître l'avait renvoyé parce qu'il n'avait pas trouvé la solution au dernier problème : « La neige fond au sommet du mont Fuji. » Moi non plus, je ne peux résoudre cette énigme. Je me suis souvent demandé si les termes ne m'avaient pas été incorrectement transmis. Le capitaine Uyeda est toujours là, quelque part au plus profond de moi. Mon esprit est marqué à jamais de son sceau au fer rouge, de son fouet cinglant. Je lui ai passé la corde au cou et j'ai assisté à sa mort mais je n'aurais pas pu le tuer moi-même.

Le maître l'a renvoyé, mais personne ne peut me renvoyer car je suis sur le sommet, aujourd'hui, au milieu des neiges éternelles et personne ne peut m'atteindre. La neige est blanche et l'air tranquille est bleu. C'est un monde glacé et immaculé. Le froid purifie l'esprit et je ne fais plus qu'un avec ce monde blanc et hors du temps.

Une lumière m'aveugle. Elle est si puissante qu'elle menace de désintégrer mon esprit, de faire exploser mon crâne en une myriade de petits fragments se dispersant dans un espace vide et immense. L'air qui envahit mes poumons va les faire éclater. Uyeda, ce monstre cruel, enlève les serviettes humides de mon visage et me force à revenir à la vie. J'entends sa voix, il… Non, ce n'est pas la sienne bien qu'elle me parvienne d'en haut, comme lorsqu'il était assis, perché sur son tabouret en fer.

— Il respire. Dommage. J'aurais dû mieux serrer la couverture autour de sa tête.

Une autre voix prononce la sonore formule arabe :

— Dis, que le Seigneur soit remercié. On ne t'avait pas donné l'ordre de le tuer. Pas encore.

C'est Achmad qui a parlé. Puis me parvient la voix renfrognée de Mochtar.

— Nous aurions dit que c'était un accident.

Je vois, très près de ma tête, un ourlet de pantalon bleu. Je le vois à travers un brouillard rouge mais il est bien là. Je vois aussi une paire de chaussures jaunâtres, petites et pointues. Je referme mes paupières enflées. La lumière me fait mal. Chaque pouce de mon corps me fait mal.

— Il est toujours inconscient, dit Achmad. J'espère ne pas l'avoir frappé trop fort avec la matraque. S'il a une blessure au cerveau, Figel ne pourra pas l'interroger.

Toutes les sensations de malaise que je ressens se cristallisent en une douleur aiguë à la hanche qui irradie dans tout mon corps.

— Ne fais pas cela, crie Achmad. Si tu lui brises les côtes, il risque de mourir. Il faut d'abord qu'il parle.

— Ce sale espion devrait crever.

— Figel se renseigne. C'est à lui de prendre une décision.

— La salope a dit qu'elle lui a proposé de coucher avec elle et qu'il a refusé. Cela prouve assez que c'est bel et bien un espion.

J'entends un rot retentissant au-dessus de moi.

— Je t'assure que ce riz en conserve était mauvais. Je ne supporte pas ce maudit temps froid et humide. Je vais allumer le poêle.

Tout redevient sombre. Lorsque je reprends connaissance mon esprit est très clair. Je suis couché sur les lattes de bois d'un parquet. Le plafond est aussi de bois, soutenu par de larges poutres, légèrement convexes et recouvertes d'un vernis très foncé. Je ferme les yeux et repense à la conversation que je viens de surprendre. Il semble bien que mon destin soit d'être maltraité à cause de malentendus stupides. La police militaire japonaise m'a pris pour un officier de renseignements et maintenant ces gens me prennent pour un espion de la police.

Je bouge un peu la tête, avec un soin infini. L'élancement revient, à l'arrière du crâne maintenant, là où Achmad a frappé. J'ouvre à nouveau les yeux. Dans le lambris d'acajou du mur, en face de moi, je distingue un hublot en cuivre. Je sais où je suis : dans la cabine d'un bateau. Mais le bateau est immobile, flottant sur une eau très calme. Je n'entends pas le clapotis des vagues et il ne tangue pas. Probablement le *Djibouti*. Cela signifie que nous sommes ancrés le long du quai du Levant. Pas le moindre bruit ne me parvient à travers le hublot obscur.

Je suis ligoté dans le coin d'une cabine qui paraît assez spacieuse, étendu à côté d'une épaisse couverture. En allongeant le cou, je peux apercevoir une porte. Mon imper et mon chapeau de feutre noir sont accrochés à une élégante patère en cuivre. C'est parfait, on ne doit pas laisser d'indices derrière soi.

Je suis attaché avec des cordes minces et souples. Un travail de professionnel effectué avec brio par Figel, Achmad, Mochtar et par Évelyne. Des odeurs de goudron et de peinture fraîche se mélangent à celle d'un tabac égyptien. J'entends le craquement d'un fauteuil de rotin puis la voix de Mochtar.

— Figel doit s'assurer que ce misérable infidèle n'a pas prévenu les autres au sujet du 53 de l'Abelstraat avant de venir nous espionner et de tenter de sonder la salope.

— Cela n'a plus d'importance maintenant. Il ne reste plus qu'elle là-bas et elle ne parlera pas. Figel dit que personne n'est au courant de l'existence de cette péniche. Ici, nous sommes en sécurité.

Achmad se tait. Nous sommes toujours à Amsterdam mais sur une péniche, pas sur le *Djibouti*. Elle doit être ancrée sur un canal, dans un coin tranquille de la ville, probablement dans le quartier du port. Lorsque Achmad prend de nouveau la parole, il semble choisir ses mots avec un soin tout particulier.

— Mochtar, je me souviens de t'avoir entendu dire quelque chose à Figel au sujet de cette péniche. Avant-hier, pour être précis. Je n'y ai pas prêté attention sur l'instant. J'ai pensé que j'avais mal compris à cause de ton anglais déplorable. Mais je trouve à présent curieux que vous ayez parlé de cette péniche, toi et Figel, avant-hier. Je veux dire avant que la femme ne nous ait prévenus de la présence de l'espion et avant que Figel ne nous dise qu'il avait une péniche et que c'était l'endroit idéal pour le questionner.

Suit un long silence. J'espère qu'ils vont continuer leur dialogue car cela m'aide à supporter ma position inconfortable. Alors que la pièce se réchauffe, les cordes me serrent de plus en plus les chevilles et les poignets. Mochtar répond d'un ton encore plus hargneux qu'à l'accoutumée :

— Je ne me souviens plus pourquoi Figel m'a parlé de cette péniche.

— Je croyais, reprend Achmad du même ton posé, que tes conversations avec Figel ne s'éloignaient jamais des problèmes pratiques de l'instant. J'avais tort, de toute évidence.

Mochtar ne réagit pas à cette remarque. Un instant plus tard, il dit :

— Je n'ai pas confiance en Meekhaeel. Ce n'est pas un homme du Sheikh et Figel l'a sorti de rien, à Paris. Ce type pose beaucoup trop de questions à mon goût. De plus, il dit n'avoir absolument rien trouvé dans la chambre de l'étudiant. Mais il devait bien y avoir quelque chose, sans quoi ce sale flic ne s'y serait pas rendu aussi.

— Figel a confiance en Meekhaeel. Si Meekhaeel dit qu'il n'y avait rien, c'est qu'il n'y avait rien.

— Que se passera-t-il si la femme a vendu la mèche à l'étudiant ?

— L'étudiant est un jeune idiot sans importance. Figel l'a emmené dans un night-club, lui a offert un bon dîner et beaucoup d'alcool fort. Figel l'a laissé là, ivre, à regarder béatement le spectacle. Il doit être complètement saoul. La femme dit qu'il ne boit jamais d'alcool.

Quelques instants de silence puis il reprend :

— Figel est en retard. Il est minuit passé.

Cela veut dire que je suis resté inconscient plusieurs heures. Tout cela a commencé lorsque j'ai posé ma main sur les boucles de bois de la tête du Janus de la rampe d'escalier du 53 de l'Abelstraat. Un jour nouveau commence à présent, le 29 février. Le jour supplémentaire d'une année bissextile. J'ai été assommé et je suis prisonnier dans une péniche, proprement ficelé, et je vais être questionné, avec tout ce que cela implique. Et qui plus est à Amsterdam, un endroit si peu approprié ! « Il ne se passe jamais rien ici, à Amsterdam », a coutume de se lamenter mon ami le journaliste.

Je peux davantage bouger la tête à présent. Achmad est assis au fond d'une chaise en rotin en face d'une table basse à la mode orientale : un plateau de cuivre rond posé sur un trépied d'ébène. Je suppose que Mochtar est installé de l'autre côté. Un tableau dans les tons dorés représentant le port d'Amsterdam est accroché au mur.

— Pourquoi Figel tolère-t-il qu'elle couche avec ce stupide étudiant ? demande Achmad.

Il y a de l'irritation dans sa voix.

— Il est pauvre et mal habillé. Il doit utiliser deux sortes de lunettes différentes et il ne se peigne même pas. Son anglais est d'ailleurs aussi mauvais que le tien, Mochtar.

— Les femmes vont là où leur chair les conduit, grommelle Mochtar avec dédain.

Seulement, il n'utilise pas le terme chair mais un mot ordurier. Achmad lui lance un regard peiné :

— Un vieil érudit m'a dit un jour, reprend-il d'un ton égal, qu'il avait recensé dans notre langue littéraire quarante-neuf expressions différentes pour désigner la partie à laquelle tu viens de faire allusion, en comptant les termes directs et les expressions fleuries. Mais toi, Mochtar, tu te plais à utiliser un mot moderne que les adolescents inscrivent sur les murs des toilettes.

— Je parle comme on m'a appris à le faire, grince Mochtar.

— Le langage des prostituées et des maquereaux qui t'ont élevé.

Il y a un silence prolongé. Je m'attends à une querelle violente mais, lorsque Mochtar reprend, sa voix semble indifférente.

— Je dois encaisser tes insultes, Achmad, parce que le Sheikh t'a placé au-dessus de moi de la même façon que tu as dû supporter le savon de Figel quand tu t'es disputé avec cette femme dans la rue, ce soir.

Comme Achmad ne réagit pas à sa remarque, il ajoute :

— Je me demande pourquoi le Sheikh utilise un homme d'origine juive ?

Achmad se redresse.

— Figel n'est pas juif, dit-il sèchement.

— Je ne dis pas que Figel est juif. Je dis qu'il est d'origine juive. Je le sais. Je les repère toujours, partout.

— Tu es un sot, Mochtar. Figel était un membre très important du parti nazi. Les nazis repéraient mieux les Juifs que toi et ils ont même employé Figel pour mettre au point leur grand plan d'extermination des Juifs. Il a réussi à quitter l'Allemagne à la fin de la guerre. Le Sheikh lui a procuré un passeport libanais et l'a aidé à s'installer à Beyrouth. C'était notre devoir de faire tout ce que nous pouvions pour les nazis vaincus qui voulaient nous aider à secouer le joug des impérialistes blancs et de leurs chiens de garde, les pachas corrompus. Le Sheikh a voulu que Figel nous serve de guide dans cette affaire car il a toujours beaucoup de vieux amis en Allemagne. Cela nous a aidés pour vendre et pour acheter, pour obtenir la marchandise comme tu as pu t'en rendre compte toi-même. Je ne saurais tolérer tes critiques sur un homme choisi par le Sheikh, notre maître, Mochtar. Le Sheikh est magnanime, comme il convient à un homme de Dieu, mais il ne peut admettre que l'on conteste ses décisions. Et toi moins que quiconque n'en a le droit.

— D'accord, Figel est un malin, s'empresse de corriger Mochtar, et il ne boit pas tout le temps comme la plupart des infidèles. Mais, lorsqu'il boit, il boit beaucoup et alors il commence à trop parler. Voilà ce qui m'ennuyait.

Achmad sort son étui plaqué or et allume une cigarette.

— Figel ne boit jamais en public, dit-il calmement. Et il ne parle jamais affaires même lorsqu'il est plein comme une barrique. Il parle toujours de sa femme et raconte toujours la même histoire. Ils s'aimaient, il y a longtemps, quelque part en Pologne et…

— Où se trouve la Pologne ? demande Mochtar.

— La Pologne est un pays à l'est de l'Allemagne. Ne m'interromps pas. Ils étaient amants et ils ont été séparés. Il l'a retrouvée par hasard, après la guerre, lorsqu'il fuyait les ennemis des nazis et elle l'a aidé à se cacher. Ils sont venus en Égypte et se sont mariés au Caire. Après, il l'a installée dans une grande et belle maison, à Beyrouth, et il n'a pas d'autre femme avec lui, ce qui m'étonne beaucoup. À chaque fois qu'il est ivre, il me montre sa photo qu'il conserve dans son portefeuille. C'est une femme vieille, laide, et elle ne lui a jamais donné d'enfant.

— Tu es bien loquace, ce soir, Achmad, remarque Mochtar.

Achmad écrase sa cigarette.

— Tu as fait une remarque idiote au sujet de Figel, répond-il calmement, et j'ai pensé qu'il était de mon devoir de t'expliquer tout cela afin de maintenir la bonne cohésion de notre équipe.

Achmad s'appuie de nouveau au dossier de sa chaise et son visage se ferme comme s'il portait un masque. Ses yeux ont cet aspect de pierre particulier aux Orientaux lorsqu'ils décident de se renfermer en eux-mêmes, l'esprit complètement vide.

Les sandales du Sheikh

Il est dit dans le Livre des livres que Dieu n'impose à aucune âme un fardeau si lourd qu'elle ne puisse le supporter. Cependant, il est bien évident que ceci ne nous dispense pas de tout mettre en œuvre pour accomplir notre devoir[1]. En ce qui concerne l'exécution de mon travail, j'ai eu des doutes, ces trois dernières semaines. J'aurais dû consulter le Sheikh à ce sujet, avant de quitter Le Caire.

Ce voyage dans les pays des Infidèles ne m'a pas été favorable pour l'examen de certains problèmes moraux. Je n'ai personne avec qui les évoquer. Mochtar ne compte pas, bien sûr. C'est un individu ignare et peu zélé pour ce qui est du respect de ses devoirs religieux. Du reste, son esprit déjà morose l'est devenu encore plus, récemment. J'ai bien remarqué le regard qu'il a lancé à ce misérable espion inconscient dans le coin. Ses yeux sont ternes mais j'y ai lu de l'impatience. J'avais vu exactement la même lueur dans son regard avant qu'il ne tue le Copte, dans la salle d'attente de la résidence du Sheikh. Le Copte était aussi dans le coin mais il était debout et il n'était pas ligoté. Cependant il y

1. La citation qui ouvre le chapitre est tirée de la seconde sourate du Coran. Verset 286.

avait cette peur abjecte dans ses yeux lorsque Mochtar s'est approché tout près de lui. Mochtar, de son habituelle voix désagréable, a dit : « Le Sheikh m'a ordonné de vous dire qu'il ne vous porte aucune rancune. »

Je me souviens de l'immense, de l'incrédule soulagement qui passa sur le visage du Copte. À cet instant précis, Mochtar porta sa main à sa poche droite et planta son long et mince couteau dans le ventre du Copte, tira l'arme vers le haut d'un mouvement sec, et le Copte s'écroula sur le sol, les mains crispées sur son abdomen ouvert. C'était un infidèle qui avait trompé le Sheikh et il méritait sans l'ombre d'un doute de mourir. Mais ce fut une mort horrible et sale. Pour chasser cette image révulsante, j'ai demandé à Mochtar :

— Si jamais tu reçois l'ordre de me tuer, Mochtar, ne le fais pas de cette façon.

Mochtar haussa les épaules. Pour lui, cela n'avait aucune importance. Je me suis souvent dit qu'il était faible d'esprit.

Alors que nous quittions l'antichambre, j'ai pensé que le Sheikh, dans sa très grande magnanimité, aurait pu laisser au Copte le temps de faire ses prières. Je ne pouvais imaginer que Mochtar ait parlé de sa propre initiative.

— Pourquoi lui as-tu dit cela avant de le frapper ?

— Parce que le Sheikh me l'avait ordonné, répondit Mochtar. Le Sheikh voulait que le Copte meure dans la paix de Dieu.

C'était une réponse à mes doutes. Le Sheikh est juste, mais il est aussi miséricordieux car c'est un homme de Dieu. Il connaît le Livre par cœur du début à la fin et, lorsqu'il psalmodie, installé sur son divan devant la fenêtre ouverte, les passants, dans la rue, s'arrêtent pour l'écouter avec respect car, malgré son grand âge, sa voix, lorsqu'il récite le Livre, est dorée comme le miel. Elle vibre de la dévote soumission du vrai croyant. Nous, ses serviteurs, avons l'insigne privilège d'être toujours près de lui et de pouvoir ainsi bénéficier de ses paroles qui sont des conseils de sagesse. Dieu qui est grand et tout-puissant a accordé au Sheikh une immense fortune et un large pouvoir. Sa demeure, au Caire, comporte beaucoup de pièces et de cours. Cependant, sa vie privée est d'une austère simplicité et ses jours sont rythmés par le respect scrupuleux des cinq prières, comme il se doit. Après la prière du matin et la fin du jeûne, des visiteurs arabes commencent à se presser dans la grande salle d'audience. Je les vois de mon bureau mais je ne participe pas à ces sessions du matin : c'est le travail de Mohammed, mon collègue. Je rencontre des hommes importants de mon propre pays, des fidèles assistants de notre président, que Dieu bénira pour nous avoir débarrassés du roi et des pachas corrompus et pour avoir repoussé les hordes juives lorsqu'elles tentèrent d'envahir notre pays. D'autres émissaires viennent de Syrie, d'Arabie Séoudite, du Yémen et de Bagdad. Le Sheikh les écoute tous avec patience et ne mesure jamais ses conseils, qu'il s'agisse de problèmes religieux, politiques ou pour les questions touchant à l'industrie, au commerce ou à l'agriculture.

L'après-midi, il reçoit les solliciteurs étrangers et je suis de service. Nous nous asseyons en demi-cercle en face du divan du Sheikh et je sers d'interprète. Le sous-secrétaire note tout ce qui se dit. Je suis la voix du Sheikh dans les entretiens avec les infidèles comme mon défunt père, Hassan al-Badawi, l'était avant moi. Mochtar est présent lui aussi car il est l'épée du Sheikh.

— Essaie de vaincre tes ennemis par la douceur des mots de la raison, dit un jour le Sheikh, mais, s'ils persistent dans leurs erreurs et s'obstinent à ne pas voir la lumière, alors, écrase-les comme on écrase la mouche qui s'aventure dans nos draps.

Je supporte Mochtar parce que ses défauts ne sont, après tout, que le reflet de ses vertus. Durant sa jeunesse dans les bas-fonds, il a appris à manier à la perfection le couteau et la cordelette pour étrangler. Après être entré au service du Sheikh, il est devenu un tireur expérimenté, de la main gauche. Puisqu'il porte son couteau et son garrot dans sa poche droite, il doit conserver le pistolet dans celle de gauche. Couteau et cordelette sont silencieux et, pour cette raison, il convient de les utiliser en priorité.

Voici justement qu'il porte sa main à sa poche droite. Va-t-il tuer l'espion avant que Figel n'en ait donné l'ordre ? Non. Mochtar est plus malin que cela. C'est son étui à cigarettes qu'il sort. Je deviens nerveux, de toute évidence. Mes pensées me ramènent au jour de notre départ du Caire, il y a trois semaines maintenant. J'étais avec le Sheikh depuis une demi-heure lorsqu'il a fait venir Figel et Mochtar. Il m'a dit :

— Tu seras ma langue, Achmad, comme toujours. Figel sera ton conseiller et Mochtar ton bouclier. Si de nouvelles instructions devaient vous parvenir, ce serait par la bouche de Figel car j'ai établi des points de contact avec lui dans ces terres septentrionales des infidèles.

Un soupçon soudain me pousse à interroger Mochtar.

— Figel ne t'a pas ordonné de tuer l'espion, n'est-ce pas ?

Mochtar lance un regard mauvais au misérable ligoté dans son coin et fait non de la tête. C'était une question stupide. Comment Figel aurait-il pu avoir le temps de contacter

Le Caire ? Je dois me surveiller. Je deviens nerveux ces derniers jours, à cause du long éloignement du Caire ou de l'attitude de Mochtar qui a changé d'une manière subtile, presque imperceptible, tout dernièrement ? C'est étrange, j'avais coutume de lire dans son petit esprit vicieux comme dans un livre.

— Cette sacrée péniche présente au moins un avantage, remarque Mochtar. C'est l'endroit idéal pour se débarrasser d'un cadavre.

— Pourquoi ?

— Sous ce mince tapis, ici, dans le coin, il y a une trappe. J'ai fureté partout pendant que vous ligotiez l'espion.

— Tu dis n'importe quoi, Mochtar. Si tu ouvres une trappe dans la cale d'un bateau, l'eau va l'envahir. Même toi, tu devrais savoir cela.

— Ces péniches ont des cales peu profondes, réplique-t-il sèchement. Après avoir lesté le corps, on le dépose sur la trappe de la quille qui peut s'ouvrir d'en haut. Aussi simple que cela. Sous le bateau, il y a quatre pieds d'eau puis une épaisse couche de limon et de vase.

— Et si l'on déplace la péniche ?

— D'après Figel, elle ne bougera pas avant un an.

Que Mochtar en sache autant au sujet de cette péniche m'étonne. Peut-être, après tout, n'est-elle pas très différente de celles que nous avons au Caire.

— Je suis content que ce bateau ait cette qualité car, pour le reste, ce n'est qu'une pâle imitation. Pense à nos propres péniches ancrées sur les rives du bienheureux Nil ! De véritables maisons flottantes d'un luxe raffiné.

— Vous êtes un véritable Cairote à l'esprit étroit, Achmad, ricane-t-il. Vous n'avez quitté la ville que depuis trois semaines et vous avez déjà le mal du pays.

— Un serviteur ne se sent bien que dans la maison de son maître, remarqué-je froidement.

J'éprouve cependant un malaise. Peut-être ai-je moins pensé à la résidence du Sheikh qu'à mes propres quartiers dans l'aile orientale. Encore un signe de mon insatisfaction car il est inconvenant de penser avec un désir ardent à sa propre épouse. Elle est modeste et économe. Elle m'a donné un fils beau et intelligent. Seule ma nervosité peut expliquer mon soudain désir pour cette danseuse nommée Évelyne. À Hambourg, j'ai payé une femme blanche mais je n'ai pas couché avec elle car elle sentait le lait caillé. À Paris, j'ai eu une Algérienne, mais je l'ai trouvée triste et maladroite et son mauvais arabe était un supplice pour mes oreilles. Cette Évelyne a les cheveux noirs comme nos femmes, ses yeux sont grands et noirs, même sans l'apprêt du khôl, et sa peau est blanche et lisse. J'ai connu une femme grecque, à Alexandrie. Elle ressemblait à Évelyne mais elle ne m'a pas plu. Oui, maintenant que je me souviens de cette Grecque, je sais pourquoi j'ai désiré cette Hollandaise. La Grecque était soumise tandis que cette fille a un esprit fier et indépendant comme certaines femmes Badawi, en Arabie d'où est originaire ma famille. Lorsque je lui ai dit que je voulais coucher avec elle, ce soir, elle m'a giflé. Et l'espion l'a vu. Je dois mettre au crédit de Mochtar sa présence d'esprit à ce moment-là. Il a assommé l'espion et cela nous a permis de nous glisser à l'intérieur juste avant l'arrivée des policiers. La vie dans ces contrées nordiques est très compliquée. Au Caire, aucun policier n'imaginerait simplement de gêner un homme du Sheikh. Ce fut une expérience humiliante. J'ai très peu apprécié la désinvolture avec laquelle cette femme me serra la main, plus tard, en disant que l'incident n'avait pas d'importance du tout.

Cette attitude m'a fait plus mal que les reproches de Figel. J'ai dû les accepter car il avait raison. C'est un homme modéré et sage. Pendant nos difficiles négociations en Italie, en France et en Allemagne, pour le compte du Sheikh, Figel a souvent eu l'attitude qu'il fallait au bon moment, le mot qui a fait pencher la balance en notre faveur. Je n'apprécie pas, cependant, qu'il ait laissé Meekhael se joindre à nous à Paris. Se peut-il que Figel, après tout ce que nous autres Arabes avons fait pour lui, continue de préférer la compagnie d'un homme blanc de sa propre foi ?

La voix grinçante de Mochtar m'arrache à mes pensées. S'agitant sur sa chaise, il dit :

— Reste le problème du lestage du corps et je ne vois rien qui puisse faire l'affaire.

— Ce bateau doit bien avoir une chaîne d'ancre de secours, dis-je avec impatience. Utilise-la !

— Oui, reconnaît Mochtar pensivement. Une telle chaîne pourrait convenir. C'est ce qu'il me faut, à la réflexion.

Les problèmes que se pose ce vulgaire petit personnage ainsi réglés, je peux de nouveau tourner mes pensées vers Le Caire. Je pense au dernier jour, avant notre départ pour l'aéroport. Au tout début de l'après-midi, j'avais trié des archives dans la réserve. En dessous d'une pile d'anciens contrats poussiéreux datant de l'époque où mon père était le secrétaire particulier du Sheikh, j'ai trouvé un document, écrit de la propre main du Sheikh. J'ai reconnu tout de suite son impeccable calligraphie. Ce contrat indiquait que lui, le Sheikh, avait vendu, par l'intermédiaire d'un Libanais, d'importantes étendues de terre à ces maudits Juifs, en Palestine, contribuant ainsi à l'installation de leur soi-disant État sur les terres volées à notre patrie arabe.

Bouleversé, je me suis rué à l'étage, dans la salle où le jeune Ismaël était en train de préparer le café pour les visiteurs qui n'allaient pas tarder à arriver. Les mains tremblantes, j'ai donné le document au Sheikh. Il y jeta un regard et dit calmement à Ismaël :

— Tu peux te retirer, mon enfant. Demande aux visiteurs d'attendre un instant dans l'antichambre.

Puis, se tournant vers moi :

— Sers-moi une tasse, Achmad, car à mon grand âge, l'esprit s'engourdit et a besoin d'un stimulant parfumé.

Il prit sa tasse, eut un sourire triste et reprit, en m'appelant affectueusement par le nom de mon père :

— Fils de Hassan, je n'ai pas de secrets pour toi et tu vas entendre des choses que personne n'a entendues auparavant. Lorsque les Juifs se lancèrent dans leurs sordides intrigues en Palestine, la discorde régnait parmi nos frères arabes et les impérialistes blancs utilisèrent cette confusion pour nous faire du mal et nous humilier comme c'est leur habitude. Des émissaires vinrent me trouver, venant de Jérusalem la Sainte[2], de Beyrouth et de Damas. Ce qu'ils me dirent fit naître en moi une grande colère et je voulus contrecarrer les plans de ces maudits Juifs afin d'empêcher toute la juiverie du monde de se réunir au même endroit. Mais alors Dieu, dans Son infinie bonté, me fit la grâce d'une révélation en ces termes : « Le Seigneur regroupera ses ennemis en un seul lieu afin que tu puisses les détruire tous en même temps et pour toujours. »

Le Sheikh soupira profondément et reprit :

2. Pour les musulmans, Jérusalem est une ville sainte. En effet, selon la tradition, c'est de cette ville que Mahomet monta aux cieux.

— Je ne te parlerai pas de l'avenir, fils d'Hassan, car l'avenir est dans la main de Dieu et Lui seul sait.

Puis il récita la sourate qui a pour titre l'Éléphant[3] et qui dit :

« N'as-tu pas vu comment ton Seigneur a traité les hommes de l'Éléphant[2] ? N'a-t-il pas déjoué leur stratagème ? »

Après avoir ainsi cité le Livre, il replia la feuille et me la tendit en concluant :

— Ce document a été conservé en raison d'un malheureux oubli que nous allons réparer maintenant.

Il m'indiqua le brasero d'argent dont l'enfant Ismaël se sert pour préparer le narguilé.

J'ai placé le contrat sur les charbons ardents et, comme la fumée s'élevait pour se dissoudre dans l'air, mes doutes déplacés s'évanouirent. Je m'inclinai respectueusement pour remercier mon maître d'avoir pardonné cette grave erreur commise par mon défunt père. Alors, mes yeux se posèrent sur les sandales de cuir du Sheikh placées sur le sol devant le divan. Pour bien lui exprimer mon humble gratitude, je dis :

— Permettez à votre serviteur de vous offrir, sauf votre respect[4], une paire de sandales neuves car celles-ci sont vieilles et usées et pourraient meurtrir votre pied.

Mais le Sheikh leva la main et déclara :

3. La sourate de « L'éléphant » est la 105e sourate du Coran. Les « Compagnons de l'Éléphant » sont les Éthiopiens qui attaquèrent La Mecque mais furent détruits par un miracle vers 570 après J.-C.

4. « Sauf votre respect » : Achmad doit s'excuser avant d'introduire le sujet des sandales parce que les chaussures sont un des tabous traditionnels des Arabes. Sandales et chaussures sont plus ou moins considérées comme des choses sales et associées à la mort.

— Tu ne feras pas cela, Achmad, car ces sandales, bien que vieilles, sont toujours utilisables. L'épargne est l'apanage du vrai croyant et je ne me sépare jamais de ce qui m'est encore utile. Lorsque vient le jour où je n'en ai plus l'usage, alors seulement je m'en défais, non sans un certain regret de devoir me séparer de ce qui m'a loyalement servi pendant tant d'années.

Il avala une autre gorgée de café.

— Combien êtes-vous, dans mon humble demeure, pour me servir, Achmad ?

Je comptai mentalement les serviteurs.

— Environ soixante-dix, que Dieu prolonge vos jours.

Il hocha gravement la tête.

— Ils sont tous loyaux, Achmad, mais il n'y a qu'un homme parmi eux en qui j'ai confiance comme en moi-même. C'est pourquoi je t'ai chargé de reprendre la place laissée libre par ton regretté père, Hassan al-Badawi, que la paix de Dieu soit dans son âme.

Ces mots me touchèrent profondément. Je voulus parler mais le Sheikh leva de nouveau la main et reprit :

— C'est pourquoi, fils d'Hassan, je t'ai confié cette importante mission à la fois dangereuse et délicate. Tu voyageras dans les contrées septentrionales et tu effectueras en mon nom certaines transactions dont je te reparlerai tout à l'heure. Pour l'instant, je veux simplement te prévenir que ces transactions doivent rester secrètes. Si les autorités de ces pays avaient vent de leur existence, elles utiliseraient leur connaissance pour nous faire du mal et nous humilier, nous autres Arabes, comme elles en ont coutume. De plus, certaines personnes, qui là-bas me sont hostiles, pourraient essayer de faire échouer ta mission. Aujourd'hui, tu es un expert dans les langues étrangères mais tu n'as aucune expérience pratique des lois et des usages de ces pays plongés dans les ténèbres de l'ignorance. J'ai donc décidé de t'adjoindre un assistant capable et un garde du corps expérimenté.

Le Sheikh frappa dans ses mains et lorsque le jeune Ismaël apparut, il lui ordonna de faire venir Figel et Mochtar. Nous partîmes tous trois cette même nuit pour Rome, en avion.

Aujourd'hui, trois semaines plus tard, nous avons rempli avec succès notre mission et demain, nous retournerons dans notre pays sur le *Djibouti*. Je me sens nostalgique et je dis à Mochtar :

— J'aimerais être déjà rentré au Caire, Mochtar.

Mochtar jette un nouveau regard en direction du prisonnier puis il se tourne vers moi et dit de sa voix maussade :

— Vous ne retournerez pas au Caire.

Je dois répondre quelque chose, n'importe quoi, pour imposer à Mochtar mon attitude distante, mais je ne peux trouver les mots justes. J'ai besoin de temps, de temps pour penser. Cependant, à cet instant précis, je sais que je n'en ai plus besoin. Parce que la certitude que je ne reverrai jamais Le Caire a toujours été là, au fond de mon esprit. Je le savais sans vouloir l'admettre. Cet insignifiant regret est tout de suite remplacé par un immense sentiment de satisfaction. Cette importante mission m'a été confiée comme un témoignage indéniable de reconnaissance. L'information que j'ai lue sur le document que mon père avait oublié de détruire nécessitait, bien sûr, mon élimination. Mais, au lieu de se débarrasser de moi sur-le-champ, le Sheikh m'a accordé un répit, comme s'il voulait me laisser la possibilité de réparer l'erreur commise par mon père en me donnant la responsabilité de cette délicate mission. Puisqu'elle a été un succès, l'erreur du père et le mérite du fils se sont équilibrés. Rien ne viendra ternir le souvenir que le Sheikh gardera des Al Badawi, père et fils. Il reconnaîtra que nous l'avons servi au mieux de nos modestes possibilités, aussi fidèlement que ses sandales. Le fait que le Sheikh m'ait accordé cette dernière faveur prouve qu'il pense que ses sandales ont bien servi. Un serviteur doit uniquement s'inquiéter de savoir si son service a été apprécié. Les affaires de son maître ne le concernent pas. Il ne m'appartient pas de m'interroger sur les transactions du Sheikh avec les Juifs. Tout jugement est dans les mains de Dieu, le Miséricordieux, car Lui seul sait.

Je me lève et prononce la formule consacrée : « En vérité, nous appartenons à Dieu et, en vérité, nous Lui revenons. »

Je croise les bras et dévisage Mochtar. Mais lui, misérable vaurien, ne parvient pas à adopter l'attitude de dignité qui convient à cet instant solennel. Comme à son habitude, il s'agite sur sa chaise et évite de me regarder en face. Je demande :

— Le pistolet ?

Mochtar opine.

— Ici ? Maintenant ?

Il hoche la tête de nouveau, les yeux baissés. La pensée de la vase froide et de la boue, sous le bateau, me fait frémir. Je vois les vagues chaudes et bleues de la Méditerranée. J'aurais préféré mourir sur le navire, en vue de la côte de mon cher pays. Mais il n'y a rien à changer, c'était écrit. Je suis sur le point de dire à Mochtar de se dépêcher d'en finir quand il lève son visage vers moi.

— J'ai redouté ce moment tout au long de ces trois dernières semaines, murmure-t-il maussadement.

À mon grand étonnement, il y a une lueur de timidité dans ses grands yeux.

— Pourquoi n'avons-nous pas pu être amis, Achmad ? Nous vivions dans la même maison et nous servions le même maître. J'ai toujours été plutôt désagréable avec vous mais je ne pouvais agir autrement. Parce que je vous ai toujours envié et parce que je ne voulais pas que vous sachiez que j'éprouvais une secrète admiration pour vous, pour votre force virile. Vous me faites penser à une longue chevauchée à travers le désert avec un ami, Achmad, dans la fraîcheur de la nuit, sous un ciel étoilé, lorsque…

— Tu as encore lu tes misérables romans à deux sous, Mochtar, dis-je avec dégoût. Que peux-tu savoir du désert, toi qui as été élevé dans les bas-fonds de Port-Saïd ?

— Oui, c'est là que j'ai vécu, Achmad. Mais j'avais un ami alors, un grand marin qui venait d'Oman. Nous avions coutume de nous asseoir au bord du quai, la nuit, et il me racontait des histoires sur sa vie dans le désert, autrefois. Il m'a peut-être beaucoup menti, mais ses histoires étaient tellement belles : elles parlaient de chevaliers arabes traversant le désert en brandissant leurs épées, comme dans les films. Ce marin avait vos grandes enjambées, Achmad, et vos cuisses puissantes, des cuisses de cavalier.

Je vois qu'il est mortellement sérieux et je décide de mettre les choses au point.

— Je vais te dire pourquoi nous ne pourrions jamais être amis, Mochtar, en te racontant une anecdote qui s'est passée une nuit, il y a environ un an. Tu te souviens que l'été était particulièrement chaud cette année-là. Même sur la terrasse de la résidence du Sheikh, l'air était lourd et étouffant et l'eau de la fontaine de la grande cour était tiède. Je suis sorti de la maison par la porte principale pour me promener sur le quai du Nil. Alors, une jeune femme qui attendait, assise au pied du mur, s'est levée et s'est approchée de moi. Elle était habillée comme une prostituée avec des bracelets aux poignets et aux chevilles. Elle était petite et menue, comme un garçon. Elle ne dit pas un mot mais ses grands yeux brillaient au-dessus du voile qui cachait le bas de son visage. Elle était belle, Mochtar, et j'ai pensé aller avec elle.

Mochtar se lève.

— Et pourquoi ne l'as-tu pas fait ? demande-t-il, les traits tendus et me tutoyant.

— Parce que je me suis soudain souvenu de ce qu'il y avait derrière ses charmes apparents : rien d'autre qu'un esprit vulgaire et intrigant.

Mochtar hoche lentement la tête.

— Oui. Tu as peut-être eu raison, Achmad. J'étais très en colère contre toi, cette nuit-là, mais je ne le suis plus aujourd'hui. Parce que tu as dit que tu pensais qu'elle était belle. Tu ne peux savoir combien je peux me sentir misérable, parfois, Achmad. Tu es un homme cultivé et tu peux rêver à beaucoup de choses agréables lorsque tu te sens las. Moi, j'ai seulement la sensation d'être pourri et je ne me suis jamais senti aussi pourri que maintenant.

Il s'approche de moi et sa main se dirige vers sa poche gauche. Une pensée soudaine me vient à l'esprit.

— Qu'a-t-il été décidé au sujet de mon épouse ? demandé-je.

— Je t'ai dit qu'elle était belle, n'est-ce pas, grogne Mochtar. Elle est la propriété du Sheikh, tout comme ton fils. De la bonne marchandise.

Ses yeux lancent des éclairs. Je suis totalement abasourdi. Il glisse sa main dans sa poche droite et je ressens un choc à la hauteur de mon estomac, un choc si fort qu'il me fait chanceler. Et il avait dit… il avait dit que ce ne serait pas le…

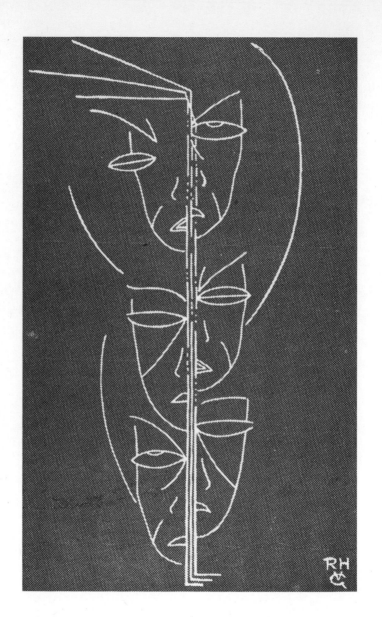

Incendie sur le canal

Le voir se faire ainsi ouvrir les entrailles me soulève le cœur. Dans un effort frénétique, je tente de me débarrasser du vomi aigre qui m'étouffe. Les larmes m'aveuglent.

Un coup violent contre mon épaule me fait retomber la tête sur le plancher. Clignant mes yeux brûlants, je distingue, juste au-dessus de moi, le visage difforme de Mochtar. De la salive suinte aux commissures de ses lèvres et il semble pleurer et rire en même temps.

— Je vais te tuer, sale porc, je…

Il bute sur ses mots, lance une nouvelle fois son pied en avant et manque ma tête de quelques centimètres. Essayant désespérément d'échapper à ses chaussures pointues, je parviens à rouler sur le côté. Mon front frappe contre le mur, me laissant à moitié assommé.

— Que fais-tu ? Arrête, Mochtar !

C'est la voix de Figel. Puis explose une détonation. Puis une autre. Le silence qui suit est si profond que je commence à me demander si les deux détonations, si sonores dans la cabine, ne m'ont pas rendu sourd. Je ne bouge pas, la face pressée contre le bois lisse des lambris.

Je reste ainsi quelques instants puis j'entends quelqu'un marmonner :

— Quel bordel !

C'est Miguel. Je veux l'appeler mais je parviens seulement à émettre un indistinct bruit de nez. Miguel s'est rendu compte de ma présence. Il s'approche de moi d'un pas léger et me retourne du bout du pied.

— Vous êtes encore vivant ? remarque-t-il avec aigreur.

Je suis pris d'un nouveau haut-le-cœur et j'implore :

— Aidez-moi à m'asseoir !

Il me tire par le col de ma veste jusqu'à la chaise d'Achmad et me hisse dessus, sans ménagement. J'ai mal partout, aux muscles et aux os. Les cordes meurtrissent mes chevilles et mes poignets. Je n'en éprouve pas moins un véritable soulagement à me retrouver enfin en position assise. Miguel est debout devant moi, son manteau ouvert sur un élégant complet de tweed, aussi impeccable qu'avant. Mais son visage a la blancheur de la craie et des gouttelettes de sueur perlent à son front. Il fouille dans ses poches et en sort une petite boîte en aluminium. D'une main tremblante, il porte une pilule verte à ses lèvres. Puis il me toise avec une grimace.

— Mon Dieu, vous êtes vraiment dans un état lamentable, dit-il presque joyeusement.

Il tire sa pochette, m'essuie les joues et le menton puis la jette par terre.

— Vous êtes sacrément mal en point, répète-t-il, mais pas autant que vos trois amis.

Il s'éloigne. Je détourne les yeux d'Achmad qui est couché dans une mare de sang. Mochtar, au premier abord, a l'air paisible, assis sur le parquet, le dos contre le mur, les jambes allongées. Son pantalon bleu a toujours ses plis parfaits mais sa tête penche sur son épaule gauche et un mince filet de sang coule lentement d'un trou sous son œil gauche.

Un petit pistolet est posé près de sa main gauche. Je ne vois pas Figel.

— Où est Figel ? demandé-je.

Miguel me fait un geste vers la gauche.

En tournant la tête, je peux apercevoir Figel. Il est sur le sol, une jambe tendue, l'autre repliée contre son gros ventre, les bras écartés comme s'il avait voulu amortir sa chute à la manière des judokas. Sa main droite serre un gros automatique. Son visage olivâtre est tranquille mais sa gorge et sa poitrine sont couvertes de sang.

Miguel allume une cigarette égyptienne dont je hume l'odeur avec plaisir. Maintenant qu'il m'a nettoyé la figure et que je ne perçois plus autant ma propre puanteur, l'odeur âcre du sang et de la poudre me soulève l'estomac. Miguel contemple Figel et déclare d'une voix amère :

— Ce gros salaud avait promis de m'emmener en sécurité en Égypte ! Et il s'est fait descendre par une saleté de nègre ! Voyons s'il peut tout de même me procurer un peu d'argent de poche.

Il s'agenouille à côté du corps et, du pouce et de l'index, ouvre le manteau de Figel.

Je lance un ballon d'essai.

— Ne pourriez-vous pas couper mes liens d'abord ?

Il me regarde par-dessus son épaule.

— Vous devriez être content d'être encore en vie, mon vieux, dit-il froidement.

Il fouille habilement le cadavre, remet en place les clefs et la petite monnaie mais garde l'épais portefeuille bourré de papiers et de billets de banque verts, des dollars américains. Il ouvre la grosse boîte de cigares en argent et renifle les cigares.

— Une bonne marque, murmure-t-il. Ils m'aideront à me consoler.

Enfouissant la boîte dans sa veste, il se relève et se dirige vers les corps des deux Arabes. Je ferme les yeux car j'ai du mal à supporter cette scène dégoûtante. Lorsque les craquements du rotin m'apprennent qu'il s'est installé sur la chaise d'Achmad, je regarde de nouveau. Miguel est plongé dans l'examen d'un petit carnet de notes noir.

Je demande :

— Que s'est-il passé ?

J'ai du mal à reconnaître ma propre voix.

Miguel lève la tête, empoche l'agenda, allume une nouvelle cigarette et me contemple un long moment avant de répondre.

— Que s'est-il passé ? Vous l'avez vu par vous-même, non ? J'ai conduit Figel ici et il est sorti de la voiture comme une flèche. Le temps que je gare la voiture et que je monte, tout était fini. Figel a dû entrer juste après que votre petit camarade eut ouvert les entrailles de son ami. Figel n'a pas apprécié et a sorti son automatique. Mais ce petit démon, je vous le dis, était un tueur professionnel. Il devait avoir son minuscule pistolet à portée de la main et il a proprement touché Figel en pleine gorge. Maintenant, dites-moi qui a tiré le premier, Figel ou le Gitan ? Pour ma part, j'ai entendu les détonations presque en même temps.

— Je ne pourrais pas vous le dire. J'ai simplement vu le petit homme tuer l'autre puis il a commencé à me frapper et j'ai roulé sur le côté, la face contre le mur, juste comme vous m'avez trouvé. J'ai entendu Figel crier puis les deux coups de feu. Vous pourriez vérifier les pistolets.

— Toujours à jouer le gentil petit flic, hein ? Racontez-moi votre histoire ! Depuis le début !

— Je veux d'abord une tasse de café.

— Avec des toasts grillés et des œufs ?

Il s'approche et me gifle.

— Parle, espèce de salaud.

Les gifles m'ont ramené à la réalité mais sans porter atteinte à ma lucidité. De plus, j'ai senti, à mes pieds, quelque chose de dur et de plat sur le sol. Cela promet car le couteau de Mochtar n'est nulle part en vue. Tout dépendra de ce que Miguel va faire. Je lui raconte mon histoire, les faits importants, en commençant par l'agression d'Évelyne jusqu'à ma conversation avec elle dans sa chambre. Je laisse entendre que je ne les ai espionnés, lui et Figel, que quelques minutes sur le balcon avant de grimper chez Évelyne. Lorsque j'ai terminé, Miguel hoche tristement la tête.

— Vous êtes encore plus idiot que je ne croyais, dit-il d'un ton las. Ainsi vous vous êtes fourré dans cette affaire non pas parce que c'est votre métier, comme je l'imaginais au début, ni même pour essayer de nous faire chanter ou de nous doubler, comme je l'ai pensé ensuite après avoir entendu le récit d'Évelyne. Vous avez agi uniquement sous l'effet de votre désir insensé pour cette stupide demoiselle qui pense qu'elle danse alors qu'elle ne fait qu'agiter sa croupe. Elle ne sait même pas chanter, pour tout dire. Vous n'êtes ni un flic ni un escroc, Figel a vérifié cela pendant que les deux Romanichels vous transportaient ici. Vous êtes comptable dans un grand magasin. Mon Dieu, comment un homme peut-il être aussi stupide ?

— Que va-t-il se passer pour la fille, maintenant ?

— Se passer ? Rien, bien sûr. Elle devra se débrouiller elle-même. Je ne suis pas un marchand d'esclaves, merci pour moi. Trop de risques et pas assez de profit.

— Et qu'allez-vous faire de moi ?

Il me contemple d'un air dégoûté.

— Vous ? Vous flanquer par-dessus bord. Vous puez.

— Que diriez-vous d'une tasse de café d'abord ?

— D'accord. J'en prendrai bien une aussi.

Comme il se retourne, je lui adresse une dernière requête :

— Et que diriez-vous de couper mes liens ?

Il lance un juron et disparaît par une petite porte que je n'avais pas remarquée jusqu'ici. Je ferme les yeux. L'ampoule forte du plafonnier me brûle toujours.

Miguel revient avec deux tasses, en pose une sur la table et porte l'autre à mes lèvres. Je bois avec avidité. Heureusement, il a mis du lait. S'étant assis, il allonge ses grandes jambes et sirote lentement son café chaud et noir. Je dois admettre qu'à sa façon, Miguel est plein d'égards. Après avoir vidé sa tasse, il allume une nouvelle cigarette et dit :

— J'ai pris une décision à votre sujet, mon vieux. Maladroit et stupide comme vous l'êtes, vous pouvez tout de même m'être utile. Je ne suis ni un marchand d'esclaves ni un tueur et je ne veux pas de ça dans mon dossier. Vous serez mon principal témoin.

Il jette un coup d'œil à son bracelet-montre.

— Il est une heure. Dans trois, quatre heures peut-être, avant de disparaître, je téléphonerai à la police en leur donnant un tuyau : ils pourront trouver sur cette péniche trois cadavres et un type ligoté qui se fera un plaisir de leur expliquer ce qui s'est passé. Ils rappliqueront en un rien de temps et vous leur direz la vérité. Toujours une bonne politique de dire la vérité, mon vieux. À la police, évidemment.

— Et quelle est cette vérité ?

Il me lance un regard soupçonneux.

— La fille nous a dit que vous aviez tout compris. Ils recrutaient des femmes pour le Moyen-Orient, bien sûr : surtout en Italie et en France et quelques bons morceaux à Hambourg. Ils devaient les embarquer à Marseille, ou à Gênes, peut-être.

— Mais Évelyne est ici.

Il hausse les épaules.

— Commande spéciale, je suppose. À livrer à Beyrouth. Figel était plutôt réservé vis-à-vis d'elle. Il a éloigné son fiancé, ce soir, pour que je puisse fouiller sa chambre. Pour s'assurer qu'elle n'avait rien laissé derrière elle indiquant qu'elle était partie avec Figel. Vous m'avez bien roulé alors, je dois l'admettre.

Il a une grimace lugubre et ajoute :

— Si vous avez toujours le béguin pour elle, vous feriez mieux de lui conseiller de ne pas bouger d'Amsterdam.

— Vous prétendez que vous n'êtes pas un marchand d'esclaves. Dans ce cas, quel est votre rôle là-dedans ?

Il se lève, allume une cigarette et me la glisse entre les lèvres.

— Il faudra arranger un peu cet aspect de votre histoire, si vous voyez ce que je veux dire, mon vieux. J'ai rencontré Figel à Paris, il y a quinze jours, alors que j'étais un peu bousculé par les flics français. Une vieille femme qui m'honorait de sa confiance est devenue soudain trop soupçonneuse. Elle a été voir la police pour lui dire des méchantes choses à mon sujet, à propos d'un bijou. Figel

121

m'a tiré d'affaire. Je dois dire que ce type avait le bras long. Il m'a dit qu'il m'emmènerait en Égypte où les Français ne pourraient pas m'atteindre et qu'il me procurerait un passeport flambant neuf. Je devais faire office de compère pour lui et les deux Gitans. Un travail facile pour moi mais pas très ragoûtant. Quand votre profession consiste à coucher avec des femmes d'âge mûr, vous en venez vite à la détester. Comme la peste.

Je sais pourquoi Mochtar a tué Achmad parce que j'ai compris les grandes lignes de leur dernière conversation, mais j'aimerais savoir ce que Miguel pourrait dire à ce sujet. Aussi je demande :

— Pourquoi le petit homme a-t-il tué son collègue ?

Miguel hausse les épaules.

— Ils ne s'entendaient pas. Le plus jeune a dû penser qu'il pourrait prendre la part de l'autre. Il l'a donc tué. Figel m'a dit que le grand type était le patron mais je n'ai pas les yeux dans les poches et j'ai bien compris que ce type faisait office de bouc émissaire. Figel et Mochtar, c'est le nom du petit tueur, laissaient l'autre faire tout le boulot dangereux.

Il soupire.

— Dire qu'un joli petit lot de mignonnes, soigneusement sélectionnées, va attendre en vain à Marseille, ou à Gênes peut-être.

— Dommage que vous ne sachiez pas exactement où, remarqué-je, crachant la cigarette qui fait grésiller ma moustache.

— Ne jouez pas au méchant, mon vieux. Je ne mange pas de ce pain-là, je vous l'ai déjà dit. Mon boulot, ce sont les femmes d'un certain âge, riches et solitaires, de préférence des touristes. Je suis un guide touristique, voyez-vous, avec excursions privées, très privées ! Le plus souvent, je travaille dans les limites de la loi. Vous comprendrez pourquoi je ne veux pas que mon nom figure sur les listes d'Interpol, surtout pas comme présumé marchand d'esclaves. Cela ruinerait mon business. Voici ce que vous direz à mon sujet à la police. Je suis un homme du monde et Figel m'a demandé de l'introduire dans certains bars et night-clubs particuliers et ainsi de suite. Mais j'ai compris qu'il s'occupait de la traite des Blanches et, lorsque je suis tombé sur vous qui nous espionniez, je vous ai dit tout ce que je savais. Vous ajouterez que je suis un type plein d'assurance mais cependant un peu timide qui a préféré s'éclipser plutôt que de tout raconter à la police.

— Et pourquoi ferais-je cela pour vous ?

— Parce que vous êtes réglo, autant que j'aie pu m'en rendre compte, et parce que vous devrez me renvoyer l'ascenseur. Je ne suis pas un tueur, mais si je ne téléphone pas à la police et si je laisse au hasard le soin de décider si l'on va vous découvrir à temps sur cette péniche dans ce coin perdu du canal, cela ne ferait pas de moi un tueur pour autant, n'est-ce pas ?

Je frémis involontairement. Cependant, ma curiosité me pousse à poser une autre question.

— Vous me mettriez dans le pétrin, évidemment. Mais ne serait-il pas plus simple pour vous de partir et de m'oublier ?

— Vous êtes tellement stupide que je me demande comment vous avez réussi à rester en vie dans ce monde vraiment très, très mauvais ! J'ai été vu avec Figel et les deux Gitans dans des tas d'endroits, des lieux publics. Lorsque la police aura découvert ce qui s'est passé sur ce bateau, ils entameront leur enquête, montreront des photos partout, poseront des questions et ainsi de suite. Ils remonteront jusqu'à moi en un rien de temps. Ne sous-estimez jamais la police, mon ami, ce sont des professionnels compétents.

— Et après avoir entendu mon histoire, ils vous rechercheront moins énergiquement. Oui, je saisis votre point de vue. D'accord, j'accepte si vous me donnez une autre tasse de café.

Il disparaît par la petite porte. Elle doit certainement conduire à une sorte de cuisine, ou d'office.

Après m'avoir fait boire de nouveau, il se rassoit. Il ne semble pas pressé du tout. Peut-être attend-il quelque chose ou quelqu'un, ou bien cette histoire l'a-t-elle tellement remué qu'il a besoin de compagnie, pour un temps. La pilule verte qu'il a ingurgitée devait être un sédatif.

— La police voudra plus de détails, dis-je. Par exemple, elle se demandera si Figel et ses hommes étaient à leur propre compte.

Il soulève les sourcils et me dévisage un moment.

— Non, dit-il. Je pense que le grand patron est une grosse légume, au Caire. Un vilain bonhomme, d'après ce que j'ai entendu dire. Il trafique dans la politique, l'immobilier, les armes, en un mot dans tout ce qui rapporte gros. Un chef de gang, mais à la mode moyen-orientale, bien sûr.

— Les filles devaient donc aller au Caire ?

— Je n'en sais rien. Peut-être le boss voulait-il les vendre dans un bordel de luxe ou pensait-il les offrir en cadeau à ses relations d'affaires, comme étrennes. Vous pouvez broder là-dessus à votre guise, parce que c'est un de ces types sur lesquels la police ne mettra jamais la main. Ces gars-là ont le bras long comme ceux des États-Unis.

— Vous parlez avec un accent américain. Êtes-vous naturalisé ?

— Occupez-vous de vos affaires, voulez-vous, dit-il d'un ton cassant.

Il tire sur sa cigarette puis reprend plus amicalement :

— Mon père était un officier de marine hollandais, ma mère une danseuse argentine. Mon père est mort pendant la guerre et ma mère a épousé une fripouille, à Buenos Aires. Je me suis engagé dans un cirque. Je faisais du bon boulot, là-bas, après quelques années : trapèze, corde raide, saut en hauteur. Si vous m'aviez vu avec mes collants roses pailletés d'or ! J'aimais ça et le public aussi. Mon Dieu, vous auriez dû voir les femmes qui essayaient de s'accrocher à moi après le spectacle. De vraies ladies, attention ! Puis mon cœur m'a posé problème et les docteurs m'ont dit de décrocher. Ainsi, je me suis limité aux acrobaties de salon. Il y a de l'argent à gagner là-dedans aussi. L'année prochaine, j'aurai assez économisé pour m'acheter un petit bateau et un bungalow sur la plage, à Naples ou à Beyrouth. Un peu de pêche en solitaire, comptez sur moi. Au diable les femmes ! Je ne voudrais pas crever dans le lit d'une de ces putes avec lesquelles je dois coucher. Mais, avec ce satané cœur pourri qui est le mien, c'est exactement ce qui risque de m'arriver, un jour ou l'autre !

Il rit plutôt tristement de sa propre blague, se lève, boutonne son manteau et me salue une dernière fois.

— Au revoir, mon vieux. Priez pour qu'il ne m'arrive rien. En tout cas pas avant que j'aie donné ce coup de fil à la police.

Lorsque j'entends le bruit de la voiture qui démarre et s'éloigne, j'explore le sol de mes pieds ligotés. C'était bien le couteau de Mochtar qui avait atterri sous ma chaise. Que Miguel ne l'ait pas cherché est une preuve de sa nervosité. Je me demande ce qui s'est vraiment passé pendant que j'avais le visage tourné contre le mur. Puis je me mets à l'œuvre. Je m'attendais à un travail long et difficile, mais cela aurait pu être pire. La chose la plus dure se révèle être de descendre de mon siège sur le sol. Puis quelques contorsions me permettent de poser mes mains liées sur le couteau. Après l'avoir placé dans la bonne position, le reste est facile. Je me fais cependant quelques méchantes coupures aux doigts car il est affûté comme un rasoir. Lorsque mes mains sont libres, je suce mes doigts blessés et masse les bleus de mes poignets pendant un moment. Enfin, je coupe les liens de mes chevilles. Assis sur le sol, tournant le dos aux morts, j'inspecte mes poches. Tout y est, même le mince tube avec ses précieuses pilules ainsi que l'argent dans mon portefeuille. Me relevant avec peine, je parviens à atteindre la porte et prends mes cigarettes dans mon imper. J'en ai vraiment besoin car je me suis souillé et l'air chargé de l'odeur du sang est presque irrespirable. J'éteins le radiateur électrique et avance en trébuchant jusqu'à l'étroite porte.

Il y a une cuisine, petite mais bien équipée, avec un chauffe-eau électrique au-dessus de l'évier. Après avoir nettoyé mon costume tant bien que mal et m'être lavé à fond avec de l'eau chaude, je commence à me sentir mieux. Je trouve une bouteille de bière et un gros morceau de fromage dans le garde-manger et je me sens encore mieux. Finalement, je me fais une tasse de café, noir et fort cette fois.

Pas un bruit à l'extérieur. Je crains d'être encore trop faible pour sortir et voir où je suis exactement. Aussi je reste assis sur la chaise de la cuisine, les bras posés sur les genoux. J'essaie d'évaluer la situation. Je me dis que le capitaine Uyeda n'aurait pas dû critiquer les maîtres japonais qui substituent le sommet du mont Fuji à celui du mont chinois Wu-Tai. Je n'ai pas la moindre idée de l'aspect de ce mont Wu-Tai. Je connais le mont Fuji par d'innombrables photos et cartes postales en couleurs. Son sommet recouvert de neiges éternelles, pur et blanc dans l'azur du ciel, m'a toujours paru très beau et très impressionnant. Maintenant que j'ai rétabli le contact avec le temps et l'espace, je ne suis plus là-haut, sur ce sommet neigeux et hors du temps. Mais cela n'a pas d'importance : l'air calme et bleu, la blancheur glacée sont toujours là, au plus profond de moi. Ils seront miens pour toujours, dans la vie comme dans la mort. Le capitaine Uyeda était un maladroit, tout compte fait. Il ne m'a pas conduit assez près de la mort. Il m'a simplement fait gravir les pentes du mont Fuji, afin que je puisse avoir une vue fugitive de son sommet glacé.

Je me sens nettement supérieur à Uyeda à présent. Je suis convaincu que si je réfléchissais assez longtemps sur l'énigme qui l'a déconcerté, je parviendrais à trouver la bonne réponse. « La neige fond au sommet du mont Fuji. » Je retourne la phrase dans ma tête mais cela ne me mène nulle part. Quoi qu'il en soit, Évelyne, Achmad et Mochtar, à eux trois, ont fait plus pour moi que le capitaine Uyeda. Évelyne a allumé le feu qui a cautérisé le passé, Achmad a neutralisé le présent en me frappant derrière le crâne et Mochtar m'a amené à la distance nécessaire de la mort en essayant de m'étouffer avec la couverture. Et maintenant, je suis libre. Tous les problèmes que j'avais ruminés ces dernières années ne sont plus de mise. Dès le départ, ils étaient sans objet car nous autres, êtres humains, ne sommes pas responsables les uns des autres et nous ne pouvons absolument rien nous donner, même pas la vie. Chacun suit sa voie particulière à travers un vide illimité et hors du temps. Le reste n'est qu'illusion, une invention de nos pauvres cerveaux.

Si je reste ici plus longtemps, je vais m'endormir. Je me lève et ouvre la porte de la cuisine. Elle donne sur une étroite plate-forme, à la poupe de la péniche. À côté du gouvernail sont empilés trois bidons de fuel et deux grosses poubelles. Une passerelle conduit sur le quai pavé. Il ne pleut plus mais les pierres sont encore luisantes. Le bateau est ancré au bord d'un canal. Plus loin se dressent quelques maisons sombres et un haut mur, probablement celui d'un entrepôt. Une grue solitaire se découpe sur le ciel nocturne. Tout est très calme, les bruits de la ville ne parviennent pas jusqu'ici. Figel avait bien choisi l'endroit. Je n'ai jamais mis les pieds dans ce coin du port mais je ne dois pas être très loin du Zeeburgerdyk que Miguel a mentionné à Figel.

L'air froid et vif me fait frissonner. Je retourne dans la cabine, la traverse sans regarder les trois cadavres, ouvre rapidement la porte où ils avaient pendu mon manteau et mon chapeau. Elle donne sur un petit vestibule. À gauche de l'entrée principale, il y a une porte en chêne. Elle conduit à une chambre, pas très grande, mais bien équipée. Plus de la moitié de l'espace est occupé par un énorme lit à deux places recouvert d'un édredon brodé. Il y a une luxueuse coiffeuse avec un grand miroir rond, un lavabo à deux vasques et une penderie laquée blanc. Au mur est accroché un tableau d'une tonalité dorée : une femme potelée, nue, aux longs cheveux clairs, se débat dans les bras bardés d'acier d'un chevalier qui évoque Lohengrin : sentimental et cruel, l'amour à la mode teutonne. La penderie est vide ainsi qu'une petite armoire murale. La pièce est froide et humide mais la présence d'un coûteux radiateur électrique montre qu'elle peut être chaude et agréable, si besoin est.

J'allume une cigarette et retourne dans la cabine. Je ramasse rapidement la couverture et recouvre les jambes et l'abdomen d'Achmad. Puis je contemple les trois cadavres : des hommes qui trafiquaient de la chair vivante qui deviendra à son tour de la chair morte : plus ou moins tôt, plus ou moins tard. L'abomination de la chair. Miguel avait raison, bien sûr. On ne remontera jamais jusqu'au véritable responsable de ces crimes, le vénérable et vieux patron, au Caire. Je me sens mal de nouveau et fonce vers la cuisine. Il y a une pile de torchons sur une étagère au-dessus de l'évier. Je fais une petite entaille dans la couture de l'un d'entre eux avec mon canif et m'aperçois que je peux facilement déchirer l'étoffe en bandes longues et étroites. Je les noue ensemble afin d'obtenir deux longueurs d'environ dix mètres chacune. Cela devrait aller. Je vide une bouteille d'huile à salade dans une casserole en étain. J'enroule proprement une des bandes et la place dans le récipient. Puis je vais chercher les bidons de fuel. J'en pose un à côté d'Achmad et un autre entre Figel et Mochtar. J'ouvre le troisième et verse la moitié de son contenu sur les cadavres. Puis je retourne dans la cuisine. Je sors la bande de la casserole et l'essore. Je confectionne alors une tresse avec celle huilée et l'autre. Elle devrait faire une belle mèche lente. J'en coince une des extrémités sous la porte de la cuisine, traverse la cabine en dévidant derrière moi cette tresse en un zigzag artistique. Je noue l'autre bout à un bouton du manteau de Figel. Je mouille mon doigt et l'approche de la porte. Il y a un léger courant d'air, assez pour attiser la mèche mais pas trop pour la souffler. Je remets mon chapeau, éteins la lumière et sors par la porte de la cuisine. Avant de la refermer, j'allume le bout de la mèche avec mon briquet. Elle prend bien. J'estime disposer de vingt minutes à une demi-heure.

Une marche rapide le long du quai désert me conduit jusqu'aux maisons obscures. Je prends un tournant au hasard, puis un autre. Je m'arrête en face de la fenêtre couverte de buée d'un bar. La porte voisine est celle d'une épicerie fermée mais une lumière brille derrière les rideaux roses du second étage. J'appuie sur la sonnette et, très vite, le pêne de la porte joue. Je suis donc à la bonne adresse. Je me glisse à l'intérieur, lève la tête vers la jeune femme débraillée en haut de l'étroit escalier. Elle tient encore à la main le cordon commandant la porte. Son peignoir ouvert laisse voir son slip de dentelle et son soutien-gorge noirs. Je prends une pièce de deux florins et demi et la lui lance.

— J'ai besoin d'un taxi, dis-je. Le plus rapidement possible. Ceci réglera la facture du téléphone.

Elle attrape la pièce au vol et répond :

— Ajoutez-en huit comme celle-ci et vous pourrez vous reposer confortablement. Petit déjeuner compris.

— Merci beaucoup, mais je viens d'avoir tout ce dont j'avais besoin. Ce sera pour une prochaine fois.

Elle hausse les épaules.

— Fermez bien la porte derrière vous en partant, voulez-vous. Cela sent un petit peu.

Debout dans l'étroit vestibule faiblement éclairé où flotte une odeur de chou bouilli, je consulte régulièrement ma montre. Sept minutes plus tard très exactement, le taxi est là. Je le savais, ces endroits ont leurs propres circuits. Et personne ne parle.

— Vous a-t-elle donné entière satisfaction, monsieur ? demande le chauffeur comme nous partons.

— Absolument, dis-je.

— Oui. Je n'ai jamais entendu de plainte au sujet de Truus. Elle ne me refile que deux florins lorsque je conduis un client chez elle. Elle devrait m'en donner cinq, c'est la commission habituelle, mais c'est une bonne fille qui ne fait jamais d'histoire. C'est important, dans notre branche.

Alors que nous venons de passer l'Abelstraat, sur l'avenue, je demande au chauffeur de s'arrêter. Je le paye et ajoute un pourboire supplémentaire, ni trop élevé, ni trop faible. Je ne dois être qu'un client parmi tant d'autres. J'attends que le taxi ait tourné le coin puis je m'éloigne lentement, les mains dans les poches.

Le Janus des escaliers

La lumière lugubre des lampadaires éclaire le long trottoir vide. De l'autre côté de la rue, j'épie l'étage supérieur du 53 et je vois qu'il y a toujours une lueur derrière la fenêtre de la mansarde. Alors que je traverse, la pluie se remet à tomber en grosses gouttes glacées. J'ouvre la porte avec la clef qu'Évelyne m'a donnée. Ce fut cet acte très subtil qui m'avait vraiment mis en confiance. De toute façon, elle pensait ne plus en avoir besoin. Je grimpe lentement le large escalier recouvert d'un épais tapis.

Je m'arrête sur le palier parce que l'escalade m'a révélé à quel point j'étais fatigué. Debout en haut des degrés, je pose ma main sur la sculpture de la tête de Janus qui coiffe la rampe de l'escalier comme je l'avais fait auparavant, cinq heures plus tôt, ou cinq minutes. Janus est le dieu de ceux qui arrivent et de ceux qui partent. Le temps ne l'intéresse pas. Est-ce que je m'en vais ou est-ce que j'arrive ? Je suis à la croisée des chemins et je ne sais vraiment que faire. Disons que je viens de lui dire au revoir, dans sa chambre, à l'étage supérieur, cinq minutes plus tôt. Disons que j'ai eu un regret au milieu de la descente et que j'ai décidé de remonter dans la mansarde. Comme je suis en train de le faire.

La même lueur faible et rougeoyante éclaire le linteau de sa porte, comme tout à l'heure. Je reste un moment immobile, aux aguets. À l'intérieur, quelqu'un gémit. Je frappe et dis d'une voix forte :

— C'est moi, Hendriks.

Le gémissement cesse. J'entends le lit grincer puis un glissement de pantoufles et la porte s'ouvre. Je reste figé là, complètement abasourdi.

Elle est vêtue de l'ensemble de pyjama bleu d'Évelyne, mais ce ne peut être Évelyne, cette figure bouffie, fiévreuse, avec ces yeux ternes et profondément pochés ! Une mèche noire pend sur son front moite. La veste de pyjama tombe mollement sur ses épaules voûtées.

— Entrez, dit-elle d'une voix grinçante. Il y a un courant d'air.

Elle frissonne bien que la pièce soit chauffée. Elle décroche son manteau du clou fiché dans le mur, le pose sur ses épaules puis s'assoit sur le bord du lit, les bras enfouis dans le manteau, serrés contre sa poitrine. Je jette mon chapeau sur le sol et m'installe sur le tabouret de fer, à côté de sa table de toilette improvisée avec ses trois valises.

— La douleur est terrible, soupire-t-elle. Et Figel est mort. Mon Dieu, j'ai tant besoin de lui et il est mort.

Je regarde son visage hagard. Miguel a dû passer ici avant moi et tout lui dire. Aussi incroyable que cela puisse paraître, elle devait être amoureuse de Figel. Elle se penche et sa tête me frôle presque. Mais elle ne me voit même pas. Elle presse ses mains contre son estomac et recommence à gémir, balançant son corps d'avant en arrière. Je dois détourner son attention.

— Miguel vous a-t-il dit que les deux Égyptiens sont morts aussi ?

Elle acquiesce.

— Cela n'a pas d'importance, murmure-t-elle. Ils ne savaient pas que Figel avait sa propre filière. Dieu, que vais-je faire ?

Elle tremble si violemment que ses dents s'entre-choquent.

Soudain je comprends. Sa beauté rayonnante plus tôt dans la nuit, ses yeux brillants, ses joues empourprées, son abandon exubérant pour afficher ses charmes dénudés. L'art avec lequel elle a joué son rôle lorsque je suis venu la voir et le talent avec lequel elle m'a raconté ses vagues histoires. Je n'ai rien remarqué, moi, un expert ! Mais je peux l'aider, par le plus heureux des hasards. Je déboutonne mon imper, sors le mince tube et lui donne une pilule.

— Prenez ce cachet. Cela va calmer la douleur.

Je verse un peu de l'eau du broc dans le gobelet en plastique. Elle ne pose pas de question mais avale le comprimé, humblement, comme une enfant.

— Lorsque Miguel est venu, dit-elle lugubrement, cela ne faisait pas encore aussi mal.

— Pourquoi est-il venu ?

— Pour trouver l'argent de Figel, bien sûr. Je suis descendue parce que j'ai entendu quelqu'un dans la chambre de Figel, juste en dessous de celle-ci. Je pensais que c'était lui mais c'était Miguel. Je lui ai demandé ce qu'il faisait là. Il m'a dit qu'il récupérait des souvenirs de Figel car Figel était mort. Puis il m'a dit qu'il y avait eu des coups de feu sur la péniche. Il m'a conseillé de rester à Amsterdam et m'a demandé si j'avais besoin d'argent. Lorsque je lui ai dit que non, il est parti, avec quatre boîtes des cigares de Figel sous son bras. J'ai fouillé dans toute la chambre sans pouvoir rien trouver. Y avait-il quelque chose sur le bateau, dans la petite armoire à côté du lit ? Une petite bouteille plate et marron ?

— Non. Rien du tout. Que vous a dit Miguel à mon sujet ?

— Il a dit que vous aviez profité de la confusion générale pour vous enfuir.

Elle recommence à gémir. Je dois occuper ses pensées jusqu'à ce que le cachet commence à faire effet. Je demande :

— Comment en avez-vous pris l'habitude ? Grâce à Figel ?

Elle lève les yeux. Maintenant, elle me voit réellement car elle constate :

— Vous n'avez pas l'air particulièrement frais non plus.

Elle jette un coup d'œil à son image dans le petit miroir de voyage posé contre le mur, repousse la mèche qui lui colle au front. Puis elle reprend d'une voix amère :

— Non. Je me suis fourrée dans ce pétrin toute seule. J'ai commencé il y a deux ans alors que j'étais encore assez idiote pour penser que je pourrais obtenir un engagement dans un night-club qui ait de la classe. Les managers étaient très, très gentils avec moi, mais c'étaient des hommes d'affaires qui séparaient bien le plaisir des affaires. Les lendemains, c'était infernal, et un ami originaire des Indes occidentales m'a donné des cigarettes droguées. Puis j'ai rencontré Figel et il m'a fait connaître la vraie marchandise.

Elle serre les lèvres entre ses dents, réprimant un cri de douleur.

— Qu'allez-vous faire maintenant que Figel est mort ?

— Trouver quelque part une bonne provision de drogue et quitter la Hollande. Figel m'a donné mon billet d'embarquement et cent dollars américains.

— Figel semble avoir été un type généreux.

— Il l'était. Cela fait longtemps que l'argent qu'il me donnait nous permettait de joindre les deux bouts, à moi et à mon fiancé avec lequel je vivais. Bert n'a jamais su que cet argent venait de Figel, bien sûr. Il pensait que je le gagnais « Chez Claude ». Ce qu'ils me donnaient n'aurait pas même suffi à payer mes bas. Où en étais-je ?

— Vous parliez de vos projets.

— Ah oui. Bon, j'irai à Beyrouth et je resterai quelque temps avec la femme de Figel.

— Rester avec la femme de Figel ?

Elle hausse les épaules et dit :

— Oubliez l'histoire que je vous ai racontée au sujet de Figel m'organisant une tournée au Moyen-Orient ainsi que celle de la photo. Je vous ai raconté toutes ces salades pour voir vos réactions. Je pensais que vous étiez de la police. J'avais peur que vous me fassiez manquer cette chance de quitter Amsterdam.

— Pourquoi étiez-vous si pressée ?

— J'avais peur que Bert, mon petit ami, ne s'aperçoive que j'étais une droguée. Ce garçon pense le plus grand bien de moi, croyez-le ou pas. Chaque fois que j'avais besoin de drogue, je lui disais que j'allais faire des spectacles en province, ou quelque chose dans ce genre, et j'allais passer un jour ou deux sur le bateau de Figel. J'avais la clef et la drogue était dans l'armoire murale de la chambre à coucher. Ainsi, tout se passait bien, même si Figel n'était pas là. Mais, lorsque j'ai commencé à en avoir besoin presque tout le temps, j'ai su que Bert finirait par comprendre. C'est encore un enfant d'une certaine façon mais il n'est pas du tout idiot. J'ai dit à Figel que je voulais partir. Cela lui convenait à merveille puisqu'il était sur le point de retourner à Beyrouth. Je devais m'en aller avec lui sur un bateau nommé le *Djibouti* en partance pour Alexandrie.

— De quoi vivait Figel ?

— Oh ! d'un peu de tout. Il vendait des voitures, des appareils ménagers, du tabac. Il montait aussi des bars et des night-clubs qu'il revendait lorsqu'il les avait lancés. Il en possédait un à Beyrouth et m'avait dit que je pourrais peut-être y faire un numéro. Il était d'origine polonaise mais il avait passé toute sa vie au Moyen-Orient. Ses affaires l'amenaient régulièrement en Europe, avec Amsterdam comme quartier général. Sa femme est polonaise elle aussi, une Juive polonaise, m'a-t-il dit, et les nazis l'ont prise. Ils ont fait d'elle une fille à soldats et l'ont traitée si cruellement qu'elle est à demi folle et dans la lune la moitié du temps. Pauvre fille. Oh ! mon Dieu, cette horrible pluie recommence à tomber.

Tout en écoutant en silence le bruit de l'averse sur le toit, je me dis que quelques faits seulement correspondent à ce que Achmad a confié à Mochtar sur les antécédents de Figel. La version d'Achmad est bien évidemment la seule véridique. Figel devait raconter à Évelyne qu'il avait toujours vécu au Moyen-Orient parce qu'il ne pouvait avouer avoir été un leader nazi ayant pris part à la mise au point du programme d'extermination des juifs. Cela a dû être une drôle de surprise pour Figel lorsqu'il a découvert que sa propre petite amie, la jeune fille juive de Pologne, avait été soumise au traitement cruel, inhumain, qu'il avait lui-même contribué à mettre en place. Je me dis que si Figel n'avait pas été un nazi impliqué dans des massacres de masse, il aurait été plutôt pathétique.

— Cette averse ne va pas durer, dis-je.

Elle sort un paquet de cigarettes froissé de la poche de son manteau, en allume une et jette le paquet vide dans le coin.

— Figel n'était pas un mauvais bougre, dit-elle pensivement. Il aimait vraiment son épouse. La maison de Beyrouth est à son nom à elle et il a placé beaucoup d'argent pour elle à la banque. Elle est au courant de mes rapports avec son mari et elle me laissera vivre là. Cela veut dire que j'aurai un toit, au moins.

— Je me demande, puisque Figel était si amoureux de son épouse, pourquoi il…

Elle m'interrompt brusquement.

— Il l'était. Mais elle était faible d'esprit, après son passage entre les mains des docteurs des camps nazis. Vous comprenez ce que je veux dire. Figel a vécu sans elle pendant longtemps, semble-t-il, puis il m'a rencontrée et s'est attaché à moi, d'une certaine façon.

— Pourquoi vous donnait-il de la drogue, alors, au lieu de vous aider à vous débarrasser de cette habitude ?

— Parce qu'il voulait coucher avec moi uniquement lorsque j'étais droguée et lui ivre. De cette façon, nous étions si loin de la réalité, disait-il, qu'il n'avait pas l'impression d'être un complet salaud. Il avait tout arrangé selon ses intérêts, voyez-vous. Cela m'a radicalement guérie de mon assommant amour-propre. De toute façon, je resterai avec la femme de Figel.

— Rester avec la femme de Figel va vous entraîner dans de nouveaux ennuis, dis-je.

— Pourquoi ?

— Parce que Figel et les deux Égyptiens travaillaient pour un patron, au Caire, un vieil homme pas commode du tout, d'après ce que j'ai entendu raconter. Quand ses trois agents ne rentreront pas avec le *Djibouti*, il se demandera ce qui leur est arrivé et il enverra des personnages peu sympathiques pour se renseigner. L'adresse de Figel à Beyrouth sera sur leur liste et vous feriez mieux de ne pas être là lorsqu'ils se présenteront. N'avez-vous pas de la famille où vous pourriez aller ?

Elle secoue la tête avec détermination. Maintenant que la pilule a balayé la souffrance, son caractère réapparaît.

— Mes parents sont morts lorsque j'avais seulement quatorze ans et j'ai été élevée par ma sœur aînée. Le rat qui lui servait de mari passait son temps à me chercher noise et ils furent tous les deux très heureux lorsque, à dix-huit ans, ils purent se débarrasser de moi. Je ne veux pas retourner là-bas, jamais, d'ailleurs ils ne voudraient pas de moi.

— Dans ce cas, il reste Bert. J'ai lu la lettre qu'il vous a écrite et je crois qu'il vous aime sincèrement. Je me pose une question : pourquoi a-t-il dû vous écrire au lieu de venir ici pour régler cela avec vous ?

Je suis un vrai petit capitaine Uyeda. Mais je veux que tout soit clair et net. Évelyne ne remarque rien.

— Je ne lui avais pas donné l'adresse, afin d'éviter ce genre de scène, justement. Il m'a envoyé son billet par l'intermédiaire de Figel, « Chez Claude ». Je ne voulais pas que Bert sache quand et comment j'allais quitter Amsterdam.

Elle réfléchit un instant et je remarque les profondes rides aux coins de sa bouche charnue.

— Non. Je ne peux vraiment pas retourner chez Bert. Je lui ai déjà causé trop d'ennuis. Ses parents sont des gens très stricts, du genre religieux. Ils n'ont rien objecté, en tout cas pas trop, au fait que Bert sorte avec une artiste, ni même à notre union d'étudiants tant qu'il devait y avoir un vrai mariage. Mais lorsque je suis allée vivre avec Bert sans que les cloches sonnent, ils ont désavoué ce malheureux et lui ont coupé sa pension.

— Bert ne voulait pas vous épouser ?

— Bien sûr que si ! Ne comprenez-vous pas que j'étais obligée de refuser ? Si je l'avais rencontré à l'époque où j'en étais seulement aux cigarettes, j'aurais accepté. M'installer comme une bonne petite ménagère d'Amsterdam ne correspond pas exactement à mon idée du plaisir, mais qui peut affirmer que le plaisir est si plaisant, après tout ? Bon, j'ai rencontré Bert deux mois après avoir été initiée par Figel. Avez-vous une cigarette ?

J'en prends une et l'allume pour elle.

— J'avais en tête, continue-t-elle d'un ton las, d'écrire à Bert plus tard, de Beyrouth, et de lui dire que je ne reviendrais pas car j'avais rencontré un chic type et que je l'avais épousé. Bert aurait été malheureux pour un temps, mais de toute façon il l'aurait été, puis tout aurait pu rentrer dans l'ordre pour lui. Je ne suis pas une sainte, comme vous vous en êtes aperçu, mais je refuse de gâcher la vie des autres.

— Beaucoup d'hommes aiment qu'une femme leur gâche la vie, dis-je. Comme cela ils se sentent importants et tout homme aime se sentir important.

— Peut-être. Mais Bert est trop jeune. Sa rupture avec ses parents a été un véritable déchirement. Il était très proche de sa mère. Il n'est pas comme vous et moi. Il est très sérieux. Il n'aurait jamais accepté que l'on vive ensemble sans se marier et sans passer à l'église si je ne lui avais pas promis que nous régulariserions plus tard, quand nous serions vraiment sûrs l'un de l'autre. Il veut se faire une idée des choses par lui-même, s'inquiète de ce qui se passe dans le monde, vous voyez le genre. J'aimais l'écouter parler parce que j'aimais sa voix et parce que c'est agréable d'écouter un type qui pense sincèrement ce qu'il dit. C'est inhabituel. Si Bert avait appris ce que je suis en réalité, il se serait tué, croyez-le ou non.

— Je ne suis pas du tout d'accord avec vous. Bert étant ce qu'il est, il aurait aimé relever une femme déchue, comme disent les livres qu'il lit. Je crois que vous devriez tout lui avouer, en sautant les coucheries avec Figel, bien sûr. L'honnêteté va comme la charité, elle est plus rentable si on en use judicieusement.

Elle me jette un regard en coin.

— Vous ne serez jamais capable de comprendre un gars gentil et loyal tel que Bert. Je n'ai pas l'intention de dire merci pour le restant de mes jours, de toute façon. À personne et surtout pas à Bert.

Elle se mord les lèvres, me jauge du regard et déclare brusquement :

— Vous avez dit, tout à l'heure, que vous aimeriez me prendre avec vous, si j'acceptais. Est-ce que cette offre tient toujours ?

— Bien sûr.

— Bon, dit-elle avec un sourire triste, dans ce cas, vous pourriez m'en dire un peu plus à votre sujet. Je vous ai déjà demandé cela mais maintenant, je le pense vraiment ! N'êtes-vous pas marié ?

— Je l'ai été. Deux fois. Mes deux femmes sont mortes.

— Parlez-moi d'elles, si cela ne vous ennuie pas. Cela me permettra de me faire une idée de ce que vous êtes vous-même.

Elle écrase sa cigarette et décide :

— Je vais m'allonger un instant.

Elle se lève, ôte son manteau. Sa veste de pyjama est trempée de transpiration. Je relève le lourd édredon et elle se glisse dessous, se couche sur le ventre et repose sa tête sur ses bras pliés sur l'oreiller. Je la couvre avec l'édredon et place le peignoir par-dessus puis je me rassois et allume une nouvelle cigarette. La pluie a cessé et tout est silencieux maintenant. Après un petit moment, je commence.

— Il fut un temps où je me croyais responsable de leur mort, à toutes deux. Tout était très confus, voyez-vous. Ma seconde femme s'appelait Lina et elle vous ressemblait beaucoup. Elle…

— Est-ce qu'elle vous aimait ?

— Parfois oui. Le reste du temps, je n'en suis pas très sûr. Ma première épouse, Effie comme je l'appelais, était une fille gentille et équilibrée. Nous sommes allés à Java et nous avons eu une petite fille. J'aimais ma femme et elle m'aimait. Mais j'étais un idiot, je pensais que notre vie commune était trop lisse, trop tranquille, pas assez violente, si vous voyez ce que je veux dire.

— Non. Je ne vois pas, dit-elle avec mauvaise humeur.

Je ne saisis pas trop bien moi-même. Aussi je reprends :

— Cela n'a pas d'importance. Bon, c'était il y a longtemps, en 1942, lorsque vous aviez deux ans, pour être précis. Ma fille, Bubu, avait quatre ans.

Je lui brosse un tableau rapide du débarquement des Japonais à Java et de la confusion générale.

— J'avais été promu capitaine et j'avais rayonné un peu partout, avec ma jeep, pendant vingt-quatre heures. Je me suis retrouvé à Bandung, aidant nos troupes à maintenir un semblant d'ordre durant les raids aériens des Japonais. Dans mon propre district campagnard, des fanatiques indigènes se déchaînaient et je m'inquiétais pour ma femme. Mais

143

pas trop, parce qu'elle avait toujours fait beaucoup pour les indigènes et qu'ils la respectaient. Je savais aussi que nos domestiques étaient loyaux. Vers dix heures du soir, mon colonel me dit que je pouvais rentrer chez moi, une heure de route dans la campagne. Je me suis arrêté dans un petit hôtel des faubourgs de la ville pour boire rapidement une bière. C'est alors que vous êtes entrée : simplement, vous vous appeliez Lina. Quelques soldats ivres s'étaient pris de querelle à son sujet et…

— Était-elle une prostituée ?

— Non. Pas du tout. Elle était, disons, disponible. Bon, un des soldats est devenu fou furieux et a voulu la tuer. J'ai abattu le soldat et j'ai couché avec elle. Ce n'était pas exactement la chose à faire, coucher avec elle, je veux dire.

Elle hausse les épaules.

— Cela vous prend parfois. Je le sais.

— D'accord. Je suis reparti une heure plus tard. Une voiture de la police militaire m'a rattrapé et je leur ai demandé de m'escorter. Nous sommes tombés dans une embuscade, ma jeep a été endommagée mais les soldats ont repoussé les agresseurs et m'ont reconduit chez moi. Quand je suis arrivé, la maison brûlait. Des fanatiques religieux avaient attaqué une heure plus tôt et avaient massacré ma femme, ma petite fille et tous nos serviteurs indigènes.

Je tire sur ma cigarette et reprends :

— Dans l'état de surexcitation où j'étais, le choc me fit perdre connaissance. Lorsque je suis revenu à moi, en plein délire, j'étais prisonnier des Japonais. Ils m'emmenaient à Bandung parce qu'ils recherchaient un homme nommé Hendriks, un de nos agents secrets, et qu'ils me prenaient pour lui. Ils voulaient m'interroger. Vous dormez ?

— Non. J'écoute. Dites-m'en plus sur Lina.

— Plus tard, j'ai appris qu'elle s'était ruée chez moi lorsqu'elle avait entendu parler du massacre, le lendemain matin. Alors que j'avais perdu connaissance, les fanatiques étaient revenus et avaient tué les quatre soldats qui m'accompagnaient. Moi, ils me laissèrent pour mort. Lina m'avait trouvé, s'était occupée de moi et, lorsque les Japonais étaient arrivés, elle les avait convaincus de laisser leur médecin me faire une série de piqûres en leur expliquant qu'ils ne pourraient pas questionner un mort. Elle avait la manière, Lina. J'ai passé plus de trois ans dans le camp et dans la prison de la police militaire, mais elle, elle était libre car elle était à demi indonésienne. Elle me rendait visite régulièrement, me procurant en fraude des choses qui m'étaient utiles. Je l'ai épousée à la fin de la guerre. Pas par gratitude, ne vous y trompez pas, simplement parce que je la désirais, terriblement.

— Elle a dû préférer cela à votre gratitude, remarque sèchement Évelyne. Comment cela s'est-il passé ?

Je lui donne une idée de nos années de vie commune et de la manière dont elle a été tuée par notre ancien boy. Évelyne reste silencieuse si longtemps que je me penche vers elle pour voir si elle ne s'est pas endormie. Je ne pourrais l'en blâmer. Mais elle est éveillée. Elle tourne sa tête vers moi et déclare :

— Bien sûr qu'elle vous aimait. Autrement, elle ne vous aurait pas rendu visite pendant trois ans. C'est très long, trois ans, dans la vie d'une jeune fille. L'enfant qu'elle attendait était de vous et vous êtes responsable de sa mort. Mais pour votre première épouse, c'est simplement un malheureux concours de circonstances. Si vous aviez quitté la ville plus tôt, vous auriez été tué dans l'embuscade et si vous en aviez réchappé, les gens qui ont attaqué votre maison ne vous auraient pas manqué.

— Non. Cette embuscade n'était en place que depuis vingt minutes environ. Nous avons interrogé un de leurs blessés et il a pu nous le dire avant de mourir. Pour ce qui est des fanatiques, je connaissais assez bien leur chef. Il avait coutume de venir parler avec moi sur toutes sortes de questions religieuses et je pouvais citer son livre saint, dans l'original arabe. C'est très important pour ce genre de gens. Ils étaient pris de frénésie lorsqu'ils ont attaqué mais j'aurais pu leur faire entendre raison, je crois. Si j'avais été là pour parler avec eux, du moins.

Elle hausse de nouveau les épaules.

— Libre à vous de le penser. Mais, en ce qui concerne votre seconde épouse, vous l'avez bel et bien tuée car vous avez souhaité sa mort et c'est quelque chose de diablement mauvais.

— Je suis tout à fait de votre avis.

Elle place son oreiller contre le mur, se retourne et s'installe adossée à lui. Elle relève les jambes et remonte l'édredon. Puis elle dit amèrement :

— Oui, je comprends maintenant. Vous n'avez pas arrêté de courir après moi non pas parce que je vous plaisais mais parce que je suis, pour vous, un élément des problèmes qui vous hantent. Vous vous compliquez la vie dès qu'il est question de femmes, mon ami.

Elle secoue la tête et continue d'une voix lasse.

— Le problème pour nous, les femmes, c'est que nous passons toujours à côté des types réellement gentils et simples qui prendraient le temps de s'intéresser à ce que nous sommes vraiment et à ce que nous pensons. Et ainsi, nous nous retrouvons attachées à des types fondamentalement égoïstes comme vous ou Figel qui ne s'intéressent pas à nous et qui ruminent leurs propres complexes comme une poule couve ses œufs.

Elle hausse les épaules.

— Maleesh. On n'y peut rien, comme Figel avait coutume de dire. Bon, où pensez-vous m'emmener ? Je ne peux pas rester avec vous à Amsterdam parce que je ne veux pas rencontrer Bert par hasard.

Je pose les coudes sur les genoux, le menton dans les mains et la regarde. Perché ainsi, je dois ressembler au capitaine Uyeda étudiant un prisonnier. C'est évident, même si je ne suis pas aussi impersonnel, aussi détaché que lui. Évelyne reste une femme très désirable pour moi. Il faut prendre aussi en compte que même si mon approche mentale a complètement changé ces dernières heures, la routine de la vie doit suivre, devra suivre son cours. Je dois manger et boire, marcher et dormir et vraisemblablement avoir une femme à mes côtés. Tous les textes zen s'accordent pour dire qu'un esprit équilibré nécessite un corps équilibré. Je pourrai aussi aider Évelyne à retrouver son propre équilibre : « Réintégrer les drogués dans la société », tel était le titre du dernier chapitre de mon rapport D.S.O. « L'auteur a conscience des responsabilités morales du gouvernement », avait approuvé en marge un haut fonctionnaire à Batavia. J'avais été fier comme Artaban, sur le moment. Je ne le suis plus autant aujourd'hui. Renoncer est difficile, même si l'on a fait l'ascension du mont Fuji. Mais je dois de toute façon clairement couper avec ma vie d'ici, à Amsterdam, car cette ville est devenue une ville de fantômes pour moi, une ville morte où je serai seul pour toujours.

— Est-ce que Figel a arrangé votre passeport ?

Elle acquiesce. Je sors une seconde pilule du mince tube et la pose sur la valise, à côté du gobelet en plastique.

— Vous avez besoin d'une bonne nuit de sommeil, dis-je. Prenez ce deuxième comprimé. Il vous fera dormir jusque tard demain matin. Je viendrai vous chercher et nous irons déjeuner ensemble. Puis nous partirons pour Paris. Nous trouverons un endroit où acheter une provision de drogue pour que vous puissiez vous déshabituer progressivement. Puis nous reprendrons la route vers le sud, vers la Méditerranée, pour le sud de l'Espagne par exemple. Rester allongé sur la plage, un peu de natation et un peu de bateau. J'ai moi aussi besoin de longues vacances et j'ai de l'argent pour tenir environ six mois. Après cela, nous verrons.

Je suis plutôt content de mon discours mais j'aime moins ce que je dois ajouter ; il le faut, cela fait partie du traitement.

— Vous n'avez pas besoin de me remercier, même pas une seule fois, parce que je désire toujours avoir une femme avec moi quand je suis en vacances, et votre compagnie m'évitera le désagrément et l'argent nécessaire pour en trouver une d'acceptable du jour au lendemain.

Elle n'apprécie pas du tout cette réflexion mais elle encaisse.

— Cela semble une très bonne idée, dit-elle calmement. Je ne suis jamais descendue plus bas que Bruxelles et je serais très contente de voir ce que l'on porte à Paris. Viendrez-vous me prendre ici ?

— Il ne vaut mieux pas. Il y a eu quelques problèmes avec Miguel, ce soir, et la police surveillera peut-être la maison, demain. Vous auriez intérêt à partir par la porte du jardin. Retrouvez-moi au Dam, disons devant le monument aux morts. J'y serai à deux heures moins le quart avec ma voiture.

Je me lève. Elle sort la main de sous l'édredon, une main menue et chaude.

— À demain au Dam, dit-elle avec un pauvre petit sourire.

Je ferme la porte derrière moi et descends l'étroit escalier. Sur le palier, je m'arrête près de la tête de Janus et regarde attentivement ses deux visages. Ils sourient tous les deux, sourient à ceux qui arrivent comme à ceux qui partent. J'ai pris la décision catégorique de partir. Ainsi, j'ai moi aussi deux visages : l'un qui sourit et l'autre qui grimace. Lequel est le bon ? Je soupire et consulte ma montre : cinq heures et demie. Je tapote les boucles de bois de Janus et descends le grand escalier.

Je marche au hasard dans les rues sombres jusqu'à ce que je trouve une cabine de téléphone dans sa stricte cellule de verre. Je sors mon portefeuille et vérifie le vieux billet puis j'introduis une pièce de dix cents dans la fente et compose cinq fois le huit. Une voix alerte me répond presque immédiatement. Apparemment, je ne paye pas mes impôts tout à fait pour rien. Je me racle la gorge avec importance et déclare :

— J'ai des informations pour vous. Il y a une pension, quelque part sur le Zeeburgerdyk, numéro de téléphone 99. 0. 6. 4. Vous l'avez ? Non, ce n'est pas une plaisanterie. Absolument pas. Non, je ne connais pas le nom mais je répète le numéro de téléphone : 99. 0. 6. 4. Un étranger qui habite là a en sa possession quatre boîtes de cigares contenant des drogues illicites. Il se prénomme Miguel. Oui, j'épelle : *m* pour Michael, *i* pour Isaac… Vous ne pouvez pas le rater : grand, les cheveux clairs et bouclés avec une petite moustache. Attention, je ne suis pas certain qu'il sache que les boîtes contiennent de la drogue. Elles peuvent lui avoir été refilées par un gang de contrebandiers internationaux. Je crois que leur quartier général est au Caire. Bonne chance et au revoir.

Je raccroche, coupant ainsi court à ses questions.

Je ne suis pas policier mais je suis l'auteur du rapport D.S.O. J'ai beaucoup travaillé sur ce rapport, visité des hôpitaux et des cliniques et là, j'ai vu les épaves humaines. Et je viens de quitter Évelyne. Je me demande cependant pourquoi j'ai laissé le bénéfice du doute à Miguel. Probablement parce que j'ai le sentiment qu'il m'a sauvé la vie. Tout à ces pensées, je traverse la rue. Un garçon boucher sur sa bicyclette fait une embardée au dernier moment pour m'éviter.

— Regarde où tu vas, patate, hurle-t-il par-dessus son épaule.

Il a raison. Je ferais mieux de faire attention où je mets les pieds. Je ne sais si la police peut remonter jusqu'à la cabine téléphonique d'où j'ai appelé. Pendant que je cherche un taxi, j'essaye de remettre les choses en place. Miguel est un gars astucieux et il a intelligemment joué de mon intérêt pour Évelyne afin de me fortifier dans l'idée fausse que Figel et ses complices étaient des esclavagistes. Ce n'était pas le cas. C'étaient des trafiquants de drogue : entreprise moins risquée et vingt fois plus rentable. Ils venaient de terminer un voyage très profitable en Europe. Puisque Achmad parlait d'acheter et de vendre, ils devaient vendre en Europe les productions locales de l'Égypte, par exemple de l'opium et du chanvre indien, et acheter de l'héroïne, de la cocaïne et autres merveilles de notre moderne civilisation occidentale. Tout cela pour le compte de ce vénérable vieux bonhomme du Caire qu'ils appelaient le Sheikh. Le fait que Achmad ait mentionné l'action de vendre aurait dû me faire comprendre que j'étais sur la mauvaise piste en les prenant pour des trafiquants de chair humaine. De toute évidence, j'avais beaucoup d'autres choses en tête à ce moment-là.

Miguel ne s'occupe ni de traite des Blanches, ni de drogue. Je crois que c'est bel et bien un gigolo et, à l'occasion, un voleur de bijoux, comme il me l'a dit. Figel l'a embauché parce que Miguel est chez lui dans toutes les capitales et les lieux de plaisir de l'Europe occidentale et qu'ainsi, il pouvait l'introduire dans les endroits qui comptent. Pour service rendu, Figel lui avait promis de le faire passer en Égypte, de lui procurer un nouveau passeport et une nouvelle identité.

Je suis certain de tout cela maintenant ainsi que de ce qui s'est passé sur la péniche. Mochtar était un tueur professionnel qui a perdu les pédales lorsqu'il a dû exécuter le seul homme qu'il admirait secrètement. Dans son délire, il a voulu tuer tout ce qu'il voyait, à commencer par moi. Figel a essayé d'intervenir et Mochtar l'a abattu. Je ne peux croire que Figel et Mochtar se soient tiré dessus pratiquement en même temps. Miguel a dû trouver cette idée dans un roman à deux sous ou ailleurs. Je crois plutôt que Miguel est entré juste derrière Figel, et non un moment plus tard comme il me l'a dit. Cette partie de son histoire était plutôt faible. Qui perdrait du temps pour garer une voiture sur un quai désert au beau milieu de la nuit ? Miguel a vu Mochtar tirer sur Figel et il a abattu l'Égyptien avant que celui-ci ne puisse le tuer lui aussi. Miguel n'est pas un tueur, il était en état de légitime défense. Après avoir abattu Mochtar, il s'est rendu compte que la cargaison de drogue, une véritable fortune, était à sa disposition parce qu'il était le seul survivant. Il savait depuis le début que la drogue était cachée dans les boîtes de cigares, ainsi peut s'expliquer son cinéma avec les cigares qu'il a pris dans les poches de Figel. Ces boîtes l'obsédaient littéralement à ce moment-là. Je ne crois pas qu'il ait tué de sang-froid

Mochtar et Figel pour s'approprier la drogue. Mais c'est exactement ce que la police s'imaginera lorsqu'ils auront découvert les activités de Figel. D'où l'insistance de Miguel pour que je leur raconte mon histoire. Et il aura agi de sorte que les faits correspondent à cette version en plaçant le bon pistolet à la bonne place afin que les cartouches correspondent bien. Il a eu le temps nécessaire pour arranger cela pendant que j'étais allongé le visage contre le mur, à demi assommé.

Le plus singulier, c'est que la police va le coincer dans son hôtel. Il m'a dit qu'il les appellerait dans trois ou quatre heures, me suggérant ainsi qu'il allait quitter la Hollande avec la voiture de Figel et qu'il téléphonerait de la frontière. Mais il voulait seulement me jeter de la poudre aux yeux. Pourquoi quitter la Hollande avec ses quatre précieuses boîtes ? Les réseaux de trafiquants de drogue bénéficient d'une excellente organisation et il risquait de se retrouver avec les agents européens du Sheikh sur les talons, pour ne rien dire de la police française. Il ne pouvait pas, bien évidemment, s'en aller sur le *Djibouti* car ce bateau appartient au Sheikh. Amsterdam n'est pas un si mauvais endroit pour disparaître un temps, surtout si vous avez de l'argent et que vous parlez la langue du pays. Plus tard, Miguel aurait pris contact avec un groupe rival du Sheikh, se serait débarrassé de la marchandise et serait parti.

Miguel est un arnaqueur, il sait exactement mettre ce qu'il faut de vérité dans ses mensonges pour les rendre crédibles. Il arrivera peut-être même à persuader la police qu'il ignorait que les boîtes de cigares contenaient de la drogue. Il a en sa possession les papiers de Figel et l'agenda d'Achmad. Ainsi sera-t-il capable de fournir à la police une longue liste de noms et d'adresses et la police lui en sera sûrement reconnaissante. Il leur racontera une longue histoire, mais en évitant soigneusement de mentionner la péniche, Évelyne et moi-même. Il a dû rester dans les environs, a dû entendre l'explosion et a dû venir se rendre compte des dégâts. Il a dû en conclure que j'avais été tué et qu'il était responsable de ma mort. Ainsi restera-t-il muet sur cet aspect de l'affaire car c'est une crapule intelligente. Qu'Évelyne l'ait surpris en train de revenir jusqu'au 53 de l'Abelstraat rien que pour récupérer des cigares qu'il ne fume pas et qu'elle m'en ait fait part fut un coup de malchance pour lui. Il finira peut-être cependant par pouvoir jouir de ses journées de pêche en solitaire dans la baie Saint-Georges ou dans la baie de Naples, s'il peut se retenir de mettre la main sur les bijoux de ses amies d'un certain âge et si son cœur malade ne lui joue pas un tour.

J'entends des voix devant moi, très fortes dans le silence de la nuit. Deux pochards se disputent avec un chauffeur de taxi sous un lampadaire. Je m'approche et remarque que le moteur de la voiture tourne. Je fais un signe au conducteur et m'installe. Nous démarrons, laissant les deux saoulards sur le trottoir, s'injuriant toujours, bruyamment mais sans imagination.

Comme nous tournons au coin, le chauffeur me dit :

— Je n'ai rien contre le fait qu'ils soient ivres. J'aime bien boire un coup moi-même, quand je ne travaille pas. Mais ils ne devraient pas m'injurier. Où allez-vous ?

Je lui donne mon adresse et il me conduit chez moi.

Le rendez-vous sur le Dam

Après avoir ouvert la familière porte brune de l'entrée avec ma clef, je me dirige vers le téléphone mural du vestibule glacial et consulte l'annuaire écorné. La société Nivas y figure, comme je le pensais. Pas de difficultés de ce côté-là car on ne sort pas de sa chambre lorsqu'on a une vraie gueule de bois. Je note le numéro sur le mur déjà décoré par les numéros de téléphone et les dessins hiéroglyphiques griffonnés par mes copensionnaires.

La recherche suivante est plus complexe. Environ deux ans plus tôt, un docteur d'Amsterdam m'a écrit, en tant qu'auteur du rapport D.S.O., en me demandant des renseignements complémentaires car il se spécialisait dans la désintoxication des drogués : une lettre très gentille à laquelle je n'ai jamais répondu. Aujourd'hui, je ne parviens plus à retrouver son nom. J'emploie l'index professionnel et parcours la longue liste des docteurs. Soudain, je retrouve son nom parmi les neurologistes. Je l'inscris aussi sur le mur puis je monte chez moi sur la pointe des pieds. Le mauvais tapis d'escalier est fatigué et je ne veux pas réveiller ma vieille logeuse. J'ai la réputation d'être un locataire sérieux et calme.

J'ouvre la porte de mon meublé. Les deux fenêtres sont toujours dissimulées par leurs longs rideaux de serge vert bouteille. La pièce est morne et froide. Je marche rapidement vers le vieux poêle au ventre rebondi, ouvre le volet du fourneau. Je fais jouer vigoureusement la grille jusqu'à ce que quelques morceaux de charbon incandescent apparaissent. Je reste immobile face au poêle, le dos tourné à la cheminée de bois peinte en faux marbre.

Les mains enfoncées dans les poches de mon mackintosh, je contemple d'un œil critique mon pauvre bureau en bois peint, son fauteuil capitonné avec cette déchirure dans le cuir que j'ai toujours envisagé de faire réparer, ce que je n'ai jamais fait, mon lit, chaste et étroit, la planche que j'ai clouée au mur pour y poser mon réveil et ma petite radio, le réchaud à gaz sur lequel je prépare mon thé et mon café, le lot d'étagères acheté dans une vente aux enchères, les livres choisis un par un dont aucun ne m'a apporté le moindre secours ainsi que l'imposante armoire, léguée à ma logeuse par un sien cousin. Ou était-ce sa tante ?

Seule la présence continuelle du passé donnait à cette chambre une atmosphère intime, particulière. Maintenant que les liens avec les souvenirs ont été coupés, elle est devenue vide et sans caractère. Je frissonne soudain. J'ai dû attraper froid sur la péniche. Dès que la pièce sera réchauffée, je prendrai une douche dans la salle d'eau du palier puis je réglerai la sonnerie du réveil sur une heure moins le quart et j'irai me coucher. Sept heures de bon sommeil.

Je prends une douche longue et très chaude et je m'offre sept heures de sommeil, un sommeil sans rêves. Mais, lorsque le réveil sonne, je me retrouve avec un effroyable mal de tête, le corps si raide et endolori que je me demande si je vais pouvoir me lever. J'y parviens cependant après quelques tentatives infructueuses. J'allume la radio et vais chercher ma boîte de médicaments dans l'armoire. Je retire mon pyjama, approche ma chaise du poêle qui brûle à plein maintenant. Je passe de la pommade décontractante sur les nombreux bleus et blessures dont je suis couvert. Lorsque le bulletin d'information commence, je cesse de me masser pour écouter attentivement :

« Ce matin, la police a découvert une quantité particulièrement importante de drogue appartenant à un individu de nationalité argentine nommé M. F. habitant dans une pension du quartier du port. La drogue était dissimulée dans des cigares de La Havane, empaquetés dans des tubes d'aluminium : au total quatre boîtes de cinquante cigares chacune. On pense que la drogue appartenait à un gang de contrebandiers et qu'elle était destinée au Moyen-Orient. Le dénommé M. F. est gardé à vue par la police pour interrogatoire. »

Puis vient une série de délits mineurs et je me concentre à nouveau sur mes côtes meurtries. Il ne semble pas y avoir de blessures graves. Je suis plutôt solide. C'est ce que disait le capitaine Uyeda et il savait de quoi il parlait. C'est ma vie émotionnelle qui est faible et confuse. Était confuse et faible, devrais-je dire plutôt. Je tends l'oreille de nouveau. Le speaker rapporte les incidents locaux de son habituelle voix douce. Celui que j'attends est résumé brièvement et avec précision :

« Quelques heures avant l'aube, une péniche ancrée à l'extrémité du Nieuwevaart a pris feu. Il y a eu une forte explosion. Les pompiers, très rapidement sur place, ne purent empêcher le bateau de brûler entièrement. On pense qu'il n'y avait personne à bord au moment de l'accident mais les recherches se poursuivent. Le propriétaire du bateau est le docteur Armand Klaussner, de nationalité égyptienne. La police ignore son adresse actuelle. »

Le speaker épelle le nom puis demande au docteur Klaussner de prendre contact le plus rapidement possible avec une célèbre compagnie d'assurance. Je me lève avec un soupir de satisfaction et éteins la radio.

Je m'habille et descends. Ma logeuse occupe le téléphone, engagée dans une discussion embrouillée avec la boucherie. Elle raccroche enfin et m'annonce qu'il y aura de belles côtes de porc pour le dîner. Elle s'éloigne de son pas tranquille vers la cuisine et je compose le numéro de la société Nivas. Je demande poliment à l'employé s'il veut bien aller chercher M. Winter chez lui, au sous-sol. Une minute ou deux plus tard, j'entends la voix de Bert. Il me demande gravement qui est à l'appareil.

— Hendriks, dis-je. J'ai un rendez-vous avec Évelyne, au Dam, à deux heures moins le quart. Voulez-vous lui dire qu'il y a eu des complications et que je ne pourrai pas venir ? Vous la trouverez là-bas, devant le monument aux morts. À deux heures moins le quart. Dites-lui que je suis désolé et que je lui souhaite bonne chance. Non. Elle ne quitte plus Amsterdam. Oui. Elle va bien. Elle a finalement compris que Figel était une crapule et elle est un peu remuée. Conseillez-lui d'aller voir le docteur…

Je lui donne le nom du neurologiste que j'ai inscrit sur le mur. Évelyne comprendra l'allusion. Elle pourra tout expliquer à Bert plus tard, dans un an ou deux.

— Qu'avez-vous dit ? Oh ! Je l'ai rencontrée « Chez Claude ». Mon nom est Hendriks. Oui. Deux heures moins le quart. Si elle n'est pas là à deux heures, appelez-moi s'il vous plaît.

Je lui donne mon numéro et raccroche.

Puis je téléphone à mon bureau. Le présent est liquidé et j'ai renié le passé mais la routine continue. Je dis à l'employé de service que je me suis réveillé avec un mauvais rhume mais que j'essaierai de venir plus tard dans l'après-midi.

Je remonte dans ma chambre, m'étends tout habillé sur mon lit et allume très doucement la radio. Il y a un bon concert et je l'écoute, l'esprit vide. À deux heures et demie, le concert s'achève. J'éteins la radio. Bert ne m'a pas appelé. Ainsi, mon rôle est fini.

Je me lève. Je remplis la bouilloire au robinet de l'évier et la place sur le réchaud à gaz. En attendant que l'eau chauffe, je détaille d'un œil critique la peinture à l'huile placée au-dessus du buffet, une nature morte maladroite : des fleurs d'une couleur trop vive dans un vase qui ne respecte même pas la perspective la plus élémentaire. Je déteste cette peinture mais je n'ai jamais eu le courage de demander à ma logeuse de la retirer de là parce qu'elle lui a été léguée, en même temps que la lourde armoire, par son cher cousin. Ou par sa tante. Je me propose de me faire d'abord une tasse de thé très fort puis quelques toasts grillés.

C'est comme si je demandais à quelqu'un d'autre d'agir à ma place. Quelle importance, en fait, de prendre du thé et des toasts plutôt qu'autre chose ? Aucune, au fond. Parce que je n'existe pas. Un homme qui a coupé les liens avec le passé, qui a liquidé le présent et qui ne possède pas d'avenir. Cet homme n'existe absolument pas. Le raisonnement tient le coup, mais pas moi. Une sensation de vide commence à me creuser la poitrine.

Je me vois debout devant le réchaud, les mains derrière le dos, les épaules voûtées, le corps légèrement incliné en avant. Non, ce ne peut être moi. C'est le capitaine Uyeda. Il est debout au-dessus de moi, aux aguets. Il attend que je

159

redescende de mon ascension du mont Fuji. Il peut attendre aussi longtemps qu'il voudra. Aujourd'hui, je me moque de ce petit homme aux lunettes épaisses. Qu'il sache que je ne redescendrai pas, jamais, que j'ai atteint le sommet et que je respirerai pour toujours l'air pur et calme de ces hauteurs glacées. Alors se produit une chose étonnante. À l'instant précis où je lui dis cela, avec une joie exultante, je comprends soudain que ce n'est pas la vérité, que je désire redescendre, redescendre du sommet vers lui. Mais je ne vois plus Uyeda, il a disparu. Je suis seul maintenant, seul au milieu des neiges éternelles. C'est la dernière sensation que je ressentirai, celle d'une solitude extrême. Alors, mon être s'évaporera dans l'air calme et bleu et j'aurai cessé d'exister.

J'ai peur et je veux redescendre. Je veux rejoindre Uyeda que j'ai pendu et Figel, Achmad et Mochtar que j'ai brûlés. Je veux les retrouver de toute urgence avant que mon être ne se désintègre parce que je ne veux pas être seul. Je veux exister. Je veux partager leurs angoisses et leurs problèmes car je suis eux et ils sont moi. Je les attends, je veux être avec eux car ils sont la seule raison valable qui fait que je suis moi. Sans eux, je suis perdu.

Je sens maintenant que la neige éternelle est en train de fondre. Il fait plus chaud autour de moi et la chaleur de l'air fait fondre la neige. Cette chaleur s'élève et me réchauffe le visage. Le ciel désespérément bleu se change en un ciel brouillé, confortablement gris. J'ouvre les yeux et pousse un long soupir de soulagement. Je suis penché au-dessus de la bouilloire, les mains appuyées contre le mur, sous l'horrible nature morte avec ses couleurs criardes et son vase qui ne respecte pas la plus élémentaire perspective. La vapeur s'élève de la bouilloire jusqu'à mon visage.

Je recule et soudain je souris. En fin de compte, j'ai, moi, Johan Hendriks, vaincu le capitaine Uyeda Morisada. Je l'ai battu une fois pour toutes parce que je me suis reconnu en lui, je me suis identifié à lui. Je ressens, au plus profond de mon être, une immense sensation de soulagement qui me réchauffe le cœur.

Je dois faire particulièrement attention maintenant, je dois avancer à pas comptés pour ne pas laisser s'échapper ce don incroyable qui m'a été accordé. Agissons donc avec la plus extrême précaution et utilisons, pour un instant, la terminologie d'Uyeda. Uyeda avait atteint le détachement supérieur des sommets glacés lorsqu'il était encore jeune, à Kyoto, des années avant moi qui ne l'ai atteint que tôt ce matin, sur la péniche. Techniquement, il faut qualifier ce détachement de Vide. C'est l'absence de tout dessein et de tout désir. Mais Uyeda n'a pu aller plus loin, il a été dérouté, lors de l'étape suivante, par l'énigme finale qu'il n'a pas été capable de résoudre. C'était si simple pourtant. Tous les textes l'expliquent si clairement. Après le détachement complet vis-à-vis du monde doit survenir la complète ré-identification, que l'on nomme Compassion. Vide et Compassion, les deux notions clefs qu'Uyeda connaissait tellement bien et qu'il n'a pas su comprendre. De la même façon, je connaissais les idées de base de mon propre monde et je ne les ai jamais comprises. Lorsque le maître zen[1] d'Uyeda, à Kyoto, s'aperçut que son élève

1. Le zen est la fleur de la pensée sino-indienne et japonaise. On le considère souvent comme un système philosophique et religieux. Le zen n'est ni l'un, ni l'autre. C'est une méthode pour atteindre le salut, une méthode qui ne peut être apprise dans les livres mais uniquement par la vie elle-même. Il culmine dans un illuminement

ne pouvait trouver la réponse finale, il le renvoya. Mais cette réponse m'a été accordée en ce vingt-neuvième jour du mois de février, en ce jour de grâce. À moi qui m'étais éloigné délibérément et à qui le retour fut permis.

Le dénominateur commun m'a été donné et, avec lui, je peux maintenant oser approcher le sens de mon propre univers chrétien. Des mots si familiers qu'ils nous paraissent évidents, tellement évidents que nous en abusons tous les jours. Des mots si familiers qu'il devient difficile, très difficile, de comprendre leur sens véritable. Je m'émerveille de cette compassion[2] sans limite qui nous est accordée, à nous qui n'en sommes pas, qui n'en serons jamais dignes parce que, depuis la nuit des temps, nous avons toujours usé et abusé sans raison de ce qui nous était donné tout en réclamant sans cesse davantage. Avoir toujours la permission

soudain (*Tun-Wu* en chinois, *Satori* en japonais), éveil à un monde nouveau, à une réalité ultime où toutes les valeurs sont fondamentalement changées. Cette expérience ne peut être qu'individuelle. Cependant, le maître zen peut aider son disciple en lui posant des questions précises et concises, des problèmes zen que l'on appelle *kung-an* (*koan* en japonais). La phrase sur la neige du mont Fuji est un exemple de kung-an. Puisque le zen est essentiellement une méthode, son champ d'action est universel. Dans ce roman, il est le pont par lequel le principal personnage revient à sa propre foi chrétienne.

2. Le « Vide » (*shunyata* en sanskrit) et la « Compassion » (*karuna*) sont les deux termes clefs du tantrisme, aboutissement du bouddhisme mahayana, qui a eu une grande influence sur le développement initial du zen chinois. Le « Vide » est décrit comme un état statique et négatif de connaissance parfaite qui sépare celui qui l'a atteint du monde de douleur. La « Compassion » est une impulsion dynamique et positive qui lui permet de se ré-identifier dans le monde et avec tous les êtres vivants.

imméritée d'exister est une preuve irréfutable de Miséricorde. D'une Miséricorde qui se répand irrésistiblement partout et dont la vision la plus fugitive devrait suffire à nous faire participer de la grâce de la foi.

Effie, Lina, pardonnez-moi. Pardonnez-moi de ne pas vous avoir assez aimées lorsque vous étiez ici-bas et d'avoir essayé de vous entraîner avec moi vers l'abîme, d'avoir tenté de vous faire redescendre de l'endroit où vous êtes maintenant afin de vous mêler à mes problèmes fondamentalement égoïstes. Et toi aussi, Bubu, pardonne-moi d'avoir désiré que tu sois toujours près de moi, de t'avoir trop souvent conseillé de ne jamais quitter la maison. Pardonnez-moi comme j'ai été pardonné par une faveur totalement imméritée. Mon passé non assumé, mon présent inexistant et un avenir que je ne possédais pas m'ont été rendus.

J'éteins le gaz. Je marche jusqu'à la fenêtre et ouvre les rideaux. Le triste soleil de fin d'hiver, en ce début d'après-midi, change le gris de la rue et des maisons en un beige presque tendre. J'entends les rires d'un enfant qui joue sur le trottoir et les voix claires de deux jeunes filles qui passent, main dans la main. Quelque part, hors de ma vue, un orgue de Barbarie égrène les notes d'un air que j'avais oublié. Je fais partie de tout ceci, de cette cité vivante que j'aime et où je ne serai plus jamais seul.

Robert van Gulik
La Haye. Janvier 1963.

Reconnaissance à Robert Van Gulik[1]

Il y a bien longtemps de cela, je dévorais, dans un mensuel populaire, une sorte de chronique intitulée « L'homme le plus extraordinaire que j'aie rencontré ». À chaque fois que je pense à Robert Van Gulik, je ne peux m'empêcher de me dire « voilà sans doute l'homme le plus extraordinaire que je n'ai pas rencontré » !

Car l'éminent auteur de la saga du juge Ti n'aurait-il écrit que les romans policiers chinois dont nous proposons aujourd'hui une édition qui a la prétention de se vouloir définitive, il mériterait déjà notre estime, l'entreprise — on le verra si on ne le sait déjà — étant de taille. Mais Van Gulik ne fut pas seulement l'auteur de cette exceptionnelle série de livres à laquelle au demeurant je dois beaucoup (j'y reviendrai). On en jugera à la lecture des quelques notes biographiques qui suivent, empruntées aux ouvrages que lui ont successivement consacrés Van de Wetering d'abord[2],

1. Texte rédigé à l'occasion de la publication aux Éditions La Découverte de l'intégrale des Enquêtes du Juge Ti (2004).
2. *Robert Van Gulik, sa vie, son œuvre*, trad. fr. Anne Krief, 10/18, Paris, 1990.

puis ses deux amis Barkman et De Vries[3] et auxquels je renvoie les lecteurs curieux de mieux connaître l'étonnant personnage que fut Robert Van Gulik. Ils ne regretteront pas le temps qu'ils y consacreront !

Né à Zutphen (Hollande) le 9 août 1910, Robert Van Gulik était le fils d'un médecin de l'Armée royale des Indes hollandaises. Il effectue en 1915 sa première grande traversée maritime avec sa mère et sa plus jeune sœur pour rejoindre son père en poste à Java. Les années 1916-1922, où Robert et sa famille séjournent à Java, sont pour le jeune Robert l'occasion d'apprendre le malais et le javanais alors que son cursus scolaire lui est par ailleurs dispensé en hollandais. Mais c'est dès cette époque, surtout, qu'il apprend ses premiers rudiments de chinois. Car c'est là que débute ce qui va devenir sa grande histoire d'amour avec la Chine et tout ce qui s'y rattache. Et que commence à se développer la prodigieuse curiosité intellectuelle qu'il ne va plus cesser de nourrir et de déployer intensément sa vie durant.

1923 : il retourne en Hollande et entre au lycée. Le latin et le grec s'ajoutent à son programme de langues modernes (dont le français et l'anglais), de mathématiques et de sciences. Ses souvenirs de Java lui inspirent ses premiers écrits que publie le mensuel de l'école : certaines saynètes sont écrites en hollandais, d'autres directement en français. Ne nous étonnons pas s'il prend des cours particuliers pour perfectionner sa connaissance du cantonnais et du mandarin écrits et parlés. Mais il n'en restera pas là : en effet,

---

3. *Les Trois Vies de Robert Van Gulik, une biographie,* trad. fr. R. MENGARDUGUE, Christian Bourgois, Paris, 1997.

parallèlement, il apprend le russe et le sanscrit et, histoire de ne pas perdre un instant sans doute, collabore avec le professeur Uhlenbeck à la compilation d'un dictionnaire du dialecte des Indiens Pieds-Noirs !

C'est en 1928, encore au lycée — il n'a que dix-huit ans — que débute sa collaboration à la revue savante *China* que publie l'Association culturelle sino-hollandaise. Ses essais érudits sur la poésie de la Chine ancienne font déjà l'unanimité.

Entre 1929 et 1934, Robert Van Gulik déploie davantage encore les volutes de son esprit : il étudie le droit colonial oriental, l'indologie (discipline axée sur la culture des Indes alors hollandaises) et naturellement la langue et la littérature chinoises (et japonaises !) à l'université de Leyde. C'est l'époque où il commence à s'adonner chaque jour de façon rituelle, comme il continuera de le faire tout au long de son existence, à la calligraphie chinoise au pinceau. Sa thèse de licence, écrite en anglais, porte sur le statut juridique des Chinois dans les Indes néerlandaises. Il suit des cours de tibétain et de sanscrit à l'université d'Utrecht et obtiendra en 1935 un doctorat de philosophie avec mention pour sa thèse sur les aspects mantriques du culte du cheval en Chine et au Japon. Il est ainsi bien paré pour une carrière diplomatique qui seule pourra étancher son incroyable soif de connaissances.

Entre 1935 et 1942, première affectation : à l'Ambassade des Pays-Bas de Tokyo. Tous les quartiers de la capitale nippone sont pour lui sujets d'étude et d'exploration. Il publie deux études portant sur les théories archaïques chinoises de la pratique musicale et se constitue sur ce sujet une bibliothèque de livres et de manuscrits qu'il va perdre, ainsi que sa première collection d'œuvres d'art asiatiques, lorsqu'il est évacué de son poste au début de la Seconde Guerre mondiale. 1943 le voit d'abord occuper une succession de postes temporaires en Afrique orientale, en Égypte et à New Delhi. Puis, la même année, il est promu premier secrétaire de la légation hollandaise à Chongqing, capitale de la Chine libre : il a trente-trois ans. Il découvre et s'adonne aux joies du luth chinois à sept cordes auquel il ne tardera pas à consacrer un ouvrage d'érudition. Mais surtout, c'est à ce moment qu'il rencontre sa future épouse Shui Shifang, diplômée de l'université de Ch'i-Lu, fille d'un mandarin impérial et secrétaire à l'ambassade. Le mariage a lieu le 18 décembre 1943. Un premier fils Willem naît l'année suivante ; le couple aura trois autres enfants, une fille Pauline, et deux fils Pieter et Thomas. Toujours débordant d'activité, il met à profit son temps libre pour s'intéresser à l'impression des livres et au montage des rouleaux.

En 1946, transfert à La Haye où il travaille à la section politique du ministère des Affaires étrangères mais passe le plus de temps possible à l'université de Leyden pour suivre études et recherches. Il est ensuite envoyé aux États-Unis comme conseiller d'ambassade à Washington où il sera nommé membre de la commission de l'Extrême-Orient chargée des problèmes concernant l'occupation du Japon.

En 1948, retour à Tokyo en qualité de conseiller auprès de la Mission militaire hollandaise. C'est alors qu'il va se lancer dans l'écriture des enquêtes du juge Ti, la création de cette saga étant elle-même précédée par la traduction d'un authentique roman policier chinois anonyme du XVIIIe siècle, publié en français sous le titre *Trois Affaires criminelles résolues par le juge Ti*[4]. Il étudie encore l'art

4. Christian Bourgois, Paris, 1987 et 10/18, Paris, 1988.

pictural de la dynastie Ming, ce qui lui permettra d'illustrer lui-même ses livres dans le style requis. Ces recherches approfondies le conduiront à la rédaction de deux autres ouvrages d'érudition : l'un sur les estampes érotiques de la période Ming, l'autre sur la vie sexuelle dans la Chine ancienne[5]. De 1951 à 1953, il est conseiller d'ambassade à New Delhi, ce qui lui donne l'occasion de poursuivre ses études de sanscrit et d'écrire un important essai sur les œuvres d'érudition afférentes au sanscrit au Japon et en Chine qui sera publié en 1956.

En 1953, il est promu diplomate extraordinaire et plénipotentiaire des Pays-Bas au Moyen-Orient et va s'installer à Beyrouth, au Liban, où la situation politique est des plus instable et le poste parfois dangereux. Quoique âgé de quarante-trois ans, Van Gulik saisit aussitôt là l'occasion d'étudier la langue et la religion arabes à l'université de Beyrouth. Sa maison bombardée, sa famille évacuée, il trouve le moyen de poursuivre ses études et son travail : dans son sous-sol ! C'est l'époque où l'écriture des enquêtes du juge Ti l'absorbe beaucoup : elles se succèdent à un rythme accéléré compte tenu de leur succès tant en anglais, qu'en hollandais, japonais et même chinois, toutes ces versions étant le fait de Van Gulik lui-même (on en trouvera la bibliographie dans le quatrième et dernier tome de la présente édition). Il trouve également le temps d'écrire une œuvre monumentale sur l'expertise des œuvres d'art chinoises.

En 1959, il est muté à Kuala Lumpur (Malaisie) où il est nommé ambassadeur à quarante-neuf ans et, simultanément, donne le plus officiellement des cours à l'université de Malaisie. C'est là qu'il découvre les gibbons, ces singes

5. Traduit en français aux éditions Gallimard en 1977.

évolués et très agiles, vivant dans de nombreuses régions de l'Extrême-Orient ; il ne s'en sépare plus et leur consacrera son dernier livre, après leur avoir témoigné la plus vive affection !

De retour à La Haye en 1963, il exerce les fonctions de directeur du Bureau de la recherche et de la documentation au ministère des Affaires étrangères et écrit son unique roman contemporain *Le Jour de grâce*[6]. En 1965, sa carrière diplomatique culmine avec sa nomination au poste d'ambassadeur auprès du Japon et de la Corée. Les photos, reproduites dans la biographie de Barkman et De Vries montrent son imposante bibliothèque qu'il a emportée avec lui. On y voit aussi la fière allure qui était la sienne en costume d'ambassadeur présentant ses lettres de créance.

Gros fumeur, sa santé se détériore et il meurt prématurément à La Haye d'un cancer du poumon, le 24 septembre 1967. Wetering précise qu'il confie à l'un de ses derniers visiteurs : « Je me réjouis d'avance de tout ce qui peut m'arriver. »

Les quelques lignes qui précèdent sont un bien modeste résumé d'une existence hors du commun. Il faut lire l'ouvrage de ses biographes Barkman et De Vries pour prendre toute la mesure du génie — le mot n'est pas trop fort — et de la profonde originalité de Robert Van Gulik. Sa trajectoire comme son œuvre sont marquées aussi d'un vif sens de la liberté.

Pour ma part, je ressens comme un privilège le fait d'avoir été un intercesseur utile à une meilleure connaissance et à une plus grande diffusion en langue française de ses

6. Éditions 10/18, Paris, n° 2294.

romans policiers chinois qui mettent en scène le juge Ti. L'éblouissement ressenti, lorsque faisant mon apprentissage de critique de romans policiers à la fin des années 1960 je découvris les enquêtes du juge Ti, fut naturellement conforté et renforcé lorsqu'en 1971 je pus lire la traduction française de son fameux ouvrage sur la vie sexuelle dans la Chine ancienne.

Je dois ici à la vérité de dire que si Van Gulik n'avait pas existé (et par voie de conséquence les enquêtes du Juge Ti), je n'aurais tout simplement pas eu l'audace en 1983 de proposer à Christian Bourgois, pour les éditions 10/18, la collection « Grands détectives » où le juge Ti et son créateur ont joué le rôle à tous égards déterminant de pères fondateurs.

Il était temps de donner à cette extraordinaire saga une édition définitive, c'est-à-dire chronologique et compacte. C'est le témoignage de ma reconnaissance.

JEAN-CLAUDE ZYLBERSTEIN
FÉVRIER 2004

Bibliographie

I. Ouvrages scientifiques, traductions

An English-Blackfoot Vocabulary based on Material from the Southern Peigans, C.C. Uhlenbeck et R.H. Van Gulik. Verhandelingen der Koninklijke Akademie van Wetenschappen te Amsterdam, Afdeling Letterkunde, N.R., deel XXIX, n° 4, (Amsterdam; 1930), 263 p.

Urvaçi, een oud-Indisch toneelstuk van Kalidasa, uit den oors-pronkellijken tekst vertaald, en van een indeiding voorzien (pièce indienne traduite du sanscrit avec une introduction et des notes critiques sur le texte). (La Haye, Adi Poestaka; 1932), 84 pp., vignettes de la main de Van Gulik.

A Blackfoot-English Vocabulary based on material from the Southern Peigans, C.C. Uhlenbeck et R.H. Van Gulik. Verhandelingen der Koninklijke Akademie van Wetenschappen te Amsterdam, Afdeling Letterkunde, N.R., deel XXXIII, n° 2 (Amsterdam; 1934), XII + 380 p.

Hayagriva, the mantrayanic aspect of horse-cult in China and Japan, with an introduction on horse-cult in India and Tibet (thèse de doctorat, *cum laude*). (Leyde, Brill; 1935), x + 105 p., illustré.

173

Mi Fu on inkstones ; translated from the Chinese with an introduction and notes, (Pékin, Henry Vetch ; 1938), XII + 72 p., illustrations et carte.

The lore of the Chinese lute ; an essay on Ch'in ideology, Monumenta Nipponica Monographs, vol. 3 (Tokyo, Sophia University ; 1940), XVI + 239 p., illustré.

Hsi K'ang and his poetical essay on the lute, Monumenta Nipponica Monographs, vol. 4 (Tokyo, Sophia University ; 1941) XVI + 91 p., illustré.

Shukai-hen, a description of life in the Chinese factory at Nagasaki during the Ch'ieng-lung period, traduit de l'original chinois en japonais avec introduction et notes en japonais, *in Toa ronso* (Bunkyudo ; Tokyo, 1941).

Tung-kao-ch'an-shih-chi-k'an (écrits du maître zen Tung-kao, moine loyal envers l'Empereur à la fin de la période Ming), en chinois, 149 pp. dont 3 en anglais. Imprimé pour l'auteur par Commercial Press (Chungking ; 1944).

Dee Goong An, three murder cases solved by Judge Dee. An old Chinese detective novel translated from the original Chinese with an introduction and notes, IV + IV + 237 p. Imprimé pour l'auteur par Toppan Printing Co (Tokyo ; 1949).

Ch'un Meng So Yen, Trifling Tale of a Spring Dream. A Ming erotic story, published on the basis of a manuscript preserved in Japan and introduced (Tokyo, tirage limité ; 1950), 6 p. en anglais + 19 en chinois.

Pi-shi t'u-shuo, Erotic colour prints of the Ming period, with an essay on Chinese sex life from the Han to the Ch'ing dynasty, B.C. 206-A.D. 1644 (tirage limité à 50 exemplaires, Tokyo ; 1951), 3 vol. I (en anglais) :

XVI + 242 pp., 22 illustrations ; II (en chinois) : 2 + 210 p. ;
III (en chinois) : 4 + 24 pp., 24 planches.

De boekillustraties in het Ming tijdperk (« L'illustration
des livres durant la période Ming »). (La Haye, Nederlandse
Vereniging voor druk-en boekkunst ; 1955), 10 p., 11 p.
d'illustrations.

*Siddam ; an essay on the history of Sanskrit studies
in China and Japan.* Saravati-Vihara Series vol. 36
(Nagpur, International Academy of Indian Culture ;
1956), 234 p.

*T'ang-yin pi-shih, « Parallel cases from under the
pear-tree », a 13th century manual of jurisprudence and
detection* (tr. fr. Affaires résolues à l'ombre du poirier,
Albin Michel, 2002), Sinica Leidensia vol. X (Leyde, Brill ;
1956), XI + 198 p.

*Chinese pictorial art as viewed by the connoisseur.
Notes on the means and methods of traditional Chinese
connoisseurship of pictorial art, based upon a study of the
art of mounting scrolls in China and Japan,* Serie orientale
19 (Rome, Istituto Italiano per il Medio ed Estremo Oriente ;
1958), 537 p.

*Lu-Shih-hua, Scrapbook for Chinese collectors, A Chinese
treatise on scrolls and forgers,* Shu-hua shuoling, *translated
with an introduction and notes*, (Beyrouth, Imprimerie
catholique ; 1958), 84 pp. + 16 pp. de texte chinois.

*Sexual life in ancient China ; a preliminary survey
of Chinese sex and society from ca. 1500 B.C. till 1644
A.D.* (tr. fr. La vie sexuelle dans la Chine ancienne,
Gallimard, 1971) (Leyde, Brill ; 1961), XVII + 392 p.,
illustrations.

The Gibbon in China, an essay in Chinese animal lore
(Leyde, Brill; 1967), 120 p., illustrations, photographies,
cartes.

II. ARTICLES

Contributions au journal de l'école, *Rostra* : des poèmes
(certains en français) et l'essai « Van het schoone eiland »
(De l'île de beauté), souvenirs d'enfance à Java.

« Eenige opmerkingen omtrent de Shih Ching, het
klassiekke Boek der Oden » (Commentaires sur le *Che-
King*, le Livre des Odes), *in China* III (1928), p. 133-
147.

« "Ku Shih Yuan" — De Bron der Oude Verzen » (*Kushi
yüan,* aux origines de la poésie ancienne) *in China* III
(1928), p. 243-269.

« De Bloeitijd der Lyriek » (L'apogée de la poésie
lyrique), *in China* IV (1929), pp. 1229-1243, 1253-1275 ;
China V (1930), p. 115-119.

« De mathematische conceptie bij de oude Chineezen »
(La théorie mathématique chez les anciens Chinois),
in Euclides, Nederlandsch Tijdschrift voor Wiskinde
(1929).

« Chineesche wonderverhalen » (Contes fantastiques
chinois), *in Tijdschrift voor Parapsychologie* I (1929),
p. 158 sq. et p. 280 sq. ; II (1930), p. 111 sq.

« De verwerkelijking van het onwerkelijke in het
Chineesche schrift » (La figuration de l'irréel dans l'écriture
chinoise) *in Elsevier's Geillustreerd Maandblad* LXXVII
(1929), p. 238-252, 318-333.

« Tsj'e Pie Foe, "Het gedicht van den Rooden muur" » (*Ch'ih-pi fu,* le poème du Mur Rouge) *in China* V (1930), p. 203-206.

« Oostersche schimmen » (Ombres orientales), *in Elsevier's Geillustreered Maandschrift* LXXXI (1931), pp. 94-110, 153-163 ; LXXXII (1932), p. 230-247, 306-318, 382-389.

« De Wijsgeer Jang Tsjoe » (Le philosophe Yang Chu), *in China* VI (1931), p. 165-177 ; VII (1932), pp. 93-102.

« Een nieuwe Fransche vertaling van Chineesche gedichten » (Une nouvelle traduction française de la poésie chinoise ; compte rendu du livre de G. Soulié de Morant : Anthologie de l'amour chinois ; Paris, 1932), *in China* VII (1932), p. 127-131.

Articles sur l'histoire, la langue et la littérature chinoises *in Winkler Prins Encyclopedie*, 5ᵉ édition (Amsterdam ; 1932-1938).

« De Wijze der Vijf Wilgen » (Le Sage des Cinq Saules ; commentaires sur la poésie de T'ao Yüan-ming), *in China* VIII (1933), p. 4-27.

« In memoriam Henri Borel », *in China* VIII (1933, p. 167).

« Oude en nieuwe Chineesche oorlogszangen » (Chants de guerre chinois, anciens et modernes), *in Chung Hwa Hui Tsa Chih, Orgaan van de Chineesche Vereeniging Chung Hwa Hui*, XI (1933), p. 9-11.

« Henri Borel, 23 nov. 1869-31 août 1933 », *in idem*, XI, p. 68.

« Het Chineesche schaakspel » (Les jeux d'échecs chinois), *in idem*, X, p. 99-105.

« Weerstand bieden ; uit een artikel, geteekend Chün Ti, in de "Shen-pao" van 21 sept. 1933 » (Résistance ; extrait d'un article paru dans le *Shen-pao* du 21 sept. 1933, signé Ch'ün Ti), *in idem* XI, p. 145-146.

« De krijgsman die zijn eigen zoon offert. Een oud-Indisch verhaald en ingeleid » (Le guerrier qui sacrifie son propre fils. Un ancien conte indien, traduit du sanscrit avec une introduction), *in idem* XII (1934), p. 26-31.

« Chinese inkstones », *in idem* XII, p. 79-83.

« De wijsgeerige achtergrond van de schilderkunst der Soeng-periode » (Le contexte philosophique de l'art pictural de la période Sung), *in idem* XII, p. 125-134.

« Chinese literary music and its introduction into Japan », *in 18th Annals of the Nagasaki Higher Commercial School, part I (1937-1938) published in commemoration of Prof. Chozo Muto* (Nagazaki ; 1937), p. 123-160.

« Necrologie. Simon Hartwich Schaank », *in T'oung Pao* XXXIII (1937), p. 299-300.

« Kuei-ku-tzu, the Philosopher of the Ghost Vale », *in China* XII-XIII (1938), p. 261-272. (La traduction de ce texte annotée par Van Gulik disparut pendant la guerre ; il n'y retravailla jamais plus.)

« On three antique lutes », *in Transactions of the Asiatic Society of Japan*, 2ᵉ series, vol. XVII (Tokyo ; 1938), p. 155-191, illustré.

Compte rendu critique du livre de H. Proesent & W. Haenisch : *Bibliographie von Japan,* Bd. V. (Leipzig ; 1937), *in Transactions of the Asiatic Society of Japan*, 2ᵉ series, vol. XVII (1938).

« *On* Sho-en » (un mensuel japonais consacré à la calligraphie et à la paléographie), p. 10-16.

« Kakkaron, a Japanese echo of the opium war », *in Monumenta Serica* IV (1940), p. 478-545, avec 2 planches.

Compte rendu du livre de Karl Haushofer : *Geopolitik des Pazifischen Ozeans, in Monumenta Serica* V (1940), p. 485-486.

Compte rendu de l'édition pékinoise (1939) du livre de J.O.P. Bland et E. Blackhouse : *China under the Empress Dowager, in Monumenta Serica* V (1940), p. 486-492.

« On the seal representing the god of literature on the titlepages of Chinese and Japanese popular editions », *in Monumenta Nipponica* IV (1941), p. 33-52.

« Dr. John C. Ferguson's 75th anniversary », *in Monumenta Serica* VI (1941), p. 340-356, avec une bibliographie des œuvres de Ferguson.

« The lore of the Chinese lute — addenda and corrigenda », *in Monumenta Nipponica* VII (1951), p. 300-310, illustré.

« Brief note on the *cheng*, the small Chinese cither », *in Toyo ongaku kenkyu* 9 (1951), p. 10-25, illustré.

« The mango trick in China ; an essay on Taoist magic », *in Transactions of the Asiatic Society of Japan* III, 3ᵉ séries (1954), p. 117-175.

« Yin-ting and yin-ting », *in Oriens Extremus* II (1955) p. 204-205.

« A note on ink cakes », *in Monumenta Nipponica* XI (1955), p. 84-100.

III. Romans policiers, fiction

The Chinese Maze Murders, écrit en anglais en 1950 ; publié la même année en japonais sous le titre *Meiro no satsujin,* traduction du prof. Yukio Ogaeri, Tokyo, Kodansha, 1950 ; traduit par l'auteur en chinois et publié sous le titre *Ti Jen-chieh ch'ian,* Singapour, Nanyang yin-shua-she, 1953 ; publié en néerlandais sous le titre *Labyrinth in Lan-fang,* La Haye, Van Hoeve, 1956 [*le Mystère du labyrinthe,* Paris, 10/18, n° 1673, coll. Grands détectives, 1985].

The Chinese Bell Murders, écrit en anglais entre 1948 et 1951, Londres, Michael Joseph, 1958 ; d'abord publié en japonais en feuilleton dans la revue *Tantei kurabu* (Club du détective) sous les titres *Hangetsukai no satsujin Soin no himitsu* et *Tsurigane no himitsu,* traduction de Mme Etsuko Ikeda-Teruyama, Tokyo, Kyoeisha, 1955 ; publié en néerlandais sous le titre *Klokken van Kao-yang,* La Haye, Van Hoeve, 1958 [*le Squelette sous cloche,* Paris, Club du Livre Policier, 1962 ; Paris, 10/18, n° 1621, coll. Grands détectives, 1984].

The Chinese Lake Murders, écrit en anglais entre 1952 et 1957, Londres, Michael Joseph, 1960 ; publié en néerlandais sous le titre *Meer van Mien-yuan,* La Haye, Van Hoeve, 1959 [*les Nouvelles Enquêtes du Juge Ti,* Paris, Club du Livre Policier, 1963 ; *Meurtre sur un bateau-de-fleurs,* Paris, 10/18, n° 1632, coll. Grands détectives, 1984].

The Chinese Gold Murders, écrit en anglais en 1956, Londres, Michael Joseph, 1959 ; publié en néerlandais sous le titre *Fantoom in Foe-lai,* La Haye, Van Hoeve, 1958 ; publié en japonais sous le titre *Ogon no satsujin,* traduction de Mme Etsuko Numano Teruyama, Tokyo, Kodansha, 1965 ; publié en espagnol sous le titre *Fantasma en Fu-lai*, traduction de S.A.R. le prince Bernhard des Pays-Bas, Madrid, Aguilar, 1965 [*Trafic d'or sous les T'ang,* Paris, Club du Livre Policier, 1965 ; Paris, 10/18, n° 1619, coll. Grands détectives, 1984].

The Chinese Nail Murders, écrit en anglais en 1958, Londres, Michael Joseph, 1961 ; publié en néerlandais sous le titre *Nagels in Ning-tsjo*, La Haye, Van Hoeve, 1960 [*l'Énigme du clou chinois,* Paris, 10/18, n° 1723, coll. Grands détectives, 1985].

The Lacquer Screen, écrit en anglais en 1958, Kuala Lumpur, Art Printing Works, 1961 ; publié en néerlandais sous le titre *Het Rode Lakscherm*, La Haye, Van Hoeve, 1962 [*le Paravent de laque,* Paris, Club du Livre Policier, 1965 ; 10/18, n° 1620, coll. Grands détectives, 1984].

The Haunted Monastery, écrit en anglais en 1958 et 1959, Kuala Lumpur, Art Printing Works, 1961 ; publié en néerlandais sous le titre *Het Spookklooster*, La Haye, Van Hoeve, 1962 [*le Monastère hanté,* Paris, Le Livre de Poche, 1968 ; Paris, 10/18, n° 1633, coll. Grands détectives, 1984].

The Red Pavilion, écrit en anglais en 1959, Kuala Lumpur, Art Printing Works, 1961 ; publié en néerlandais sous le titre *Het Rode Paviljoen*, La Haye, Van Hoeve, 1965 [*le Mystère de la chambre rouge,* Paris, Le Livre de Poche, 1967 ; *le Pavillon rouge,* Paris, 10/18, n° 1579, coll. Grands détectives, 1983].

The Emperor's Pearl, rédigé en anglais en 1960, Londres, William Heinemann, 1963 ; publié en néerlandais sous le titre *De Parel van de Keizer*, La Haye, Van Hoeve, 1963 [*la Perle de l'Empereur,* Paris, 10/18, n° 1580, coll. Grands détectives, 1983].

Murder in Canton, écrit en anglais en 1961 et 1962, Londres, William Heinemann, 1966 ; publié en néerlandais sous le titre *Moord in Canton*, La Haye, Van Hoeve, 1964 [*Meurtre à Canton,* Paris, Club du Livre Policier, 1968 ; 10/18, n° 1558, coll. Grands détectives, 1984].

The Willow Pattern, écrit en anglais en 1963, Londres, William Heinemann, 1965 ; publié en néerlandais sous le titre *Het Wilgenpatroon*, d'abord en feuilleton dans le quotidien *De Telegraaf* (1964), puis en livre, La Haye, Van Hoeve [*le Motif du saule,* Paris, 10/18, n° 1591, coll. Grands détectives, 1983].

The Given Day, écrit en anglais en 1963, États-Unis, Dennis McMillan Publications, 1984 [*le Jour de Grâce,* Paris, 10/18, n° 2294, coll. Grands détectives, 1992].

The Phantom of the Temple, écrit en anglais en 1965, Londres, William Heinemann, 1966, sur la base de bandes dessinées écrites pour Swan Features, Amsterdam ; publié en néerlandais sous le titre *Het Spook in de Tempel*, La Haye, Van Hoeve [*le Fantôme du temple,* Paris, 10/18, n° 1741, coll. Grands détectives, 1985].

Necklace and Calabash, écrit en anglais en 1966, Londres, William Heinemann, 1967 ; publié en néerlandais sous le titre *Halssnoer en Kalebas*, La Haye, Van Hoeve, 1967 [*le Collier de la princesse,* Paris, 10/18, n° 1688, coll. Grands détectives, 1985].

Poets and Murders, écrit en anglais en 1967 (édition post-hume), Londres, William Heinemann, 1968 ; publié en néerlandais sous le titre *Moord op het Maanfeest*, La Haye, Van Hoeve, 1968 [*Assassins et poètes,* Paris, 10/18, n° 1715, coll. Grands détectives, 1985].

Judge Tee at Work [*le Juge Ti à l'œuvre,* Paris, 10/18, n° 1794, coll. Grands détectives, 1986].

The Monkey and the Tiger, publié en néerlandais en deux ouvrages : *Vier vingers,* VBBB/CCPNB, 1964, et *De nacht van de tijger*, La Haye, Van Hoeve, 1963 [*le Singe et le Tigre,* Paris, 10/18, n° 1765, coll. Grands détectives, 1986].

N.B. Toute la saga du Juge Ti est également disponible en 4 volumes dans la collection "Pulp Fiction" publiée aux Éditions La Découverte sous la direction de J.C. Zylberstein en 2004. Cette édition reprend les enquêtes du Juge Ti dans leur ordre chronologique, elle comporte l'intégralité des illustrations de Robert Van Gulik dans le style chinois.

Post-scriptum à l'édition américaine de 1984

Le docteur Robert van Gulik est surtout célèbre pour ses romans « chinois », une série de 17 histoires policières, nouvelles ou romans, où apparaît le juge Ti, un magistrat de la dynastie des T'ang (618-907). Sinologue brillant et mondialement reconnu, il vécut de 1910 à 1967. Ses recherches lui valurent, à l'âge de 24 ans, les félicitations du jury lors de l'obtention de son doctorat de langues orientales à la suite d'un travail intitulé *Le Culte du cheval en Chine, au Tibet, en Inde et au Japon* (Université de Leyde et d'Utrecht). Un chercheur original était né. Un chercheur maîtrisant de nombreuses langues, tant modernes qu'anciennes, qui s'intéressait au droit, à la médecine, à la musique, à l'art, à l'histoire et à l'étrange. Les chercheurs restent souvent enfermés dans leurs universités, enchaînés à leur bureau. Van Gulik préférait le mouvement et devint diplomate, ambassadeur des Pays-Bas en Afrique orientale, en Égypte, en Inde, en Chine, aux États-Unis, au Liban, en Malaisie et, au début et à la fin de sa carrière, au Japon. Il naquit et mourut en Hollande, y passa là quelque temps, d'abord comme élève puis comme étudiant et, plus tard, en tant que haut fonctionnaire du ministère des Affaires étrangères.

Une lecture attentive de son œuvre nous laisse présumer que la Chine, et tout ce qui est chinois, constitua l'intérêt principal de van Gulik. Les enquêtes du juge Ti, inspirées d'affaires tirées de manuels de cas utilisés par les juges impériaux, sont des chefs-d'œuvre d'histoire vivante soigneusement reconstruite. Les enquêtes de Ti devinrent elles-mêmes sujets d'étude dans les publications de l'université de Chicago mais tous les livres de cette série sont si fascinants qu'aujourd'hui, trente ans après leur sortie, on peut encore les trouver sur les rayonnages de beaucoup de librairies.

– *Je suis Ti*, pouvait-on entendre van Gulik déclarer lorsque, fatigué des mondanités des cocktails diplomatiques, il disparaissait, préférant la compagnie de ses amis lettrés. Peut-être l'était-il réellement. Les chercheurs chinois considéraient cet étranger grand et large d'épaules qui ressemblait aux dires de ses contemporains à un *corsaire intellectuel* comme une réincarnation d'un des leurs, lui pardonnait son accent hollandais prononcé et l'appelait Kao Lo Pei, un nom de plume que van Gulik utilisa souvent pour ses nombreuses publications chinoises.

Chacun de nous porte des masques différents. Le mot grec pour masque est *persona*. Plus nous sommes évolués et plus nous possédons de masques derrière lesquels nous cacher. Van Gulik assumait aussi une personnalité arabe et maîtrisait cette langue depuis l'époque où il avait été professeur honoraire à l'université de Beyrouth. Il étudiait le Coran, appréciait la compagnie des cheiks lettrés et religieux, errait dans les bazars, écoutait les conversations sur les terrasses et dans les cafés et, comme à son habitude, dénichait de petites imprimeries où il participait (il aimait se salir les mains avec l'encre) à l'impression de ses propres travaux.

Afin d'économiser un maximum de temps, il s'arrangeait pour se contenter de peu de sommeil, étudiait la nuit tandis qu'il travaillait et observait dans la journée.

En Chine et au Japon, il pénétrait les secrets du zen et du taoïsme, restant éloigné de la médiocrité des enseignements dispensés dans les monastères et des gourous ignares. Aux États-Unis, il visitait les bibliothèques et les musées, profitant des merveilles et de la parfaite organisation de ce puissant pays. En Malaisie, il voyageait dans l'intérieur et en Inde, il disparaissait pendant des semaines, rendant furieux ses supérieurs qui ne savaient pas où le joindre.

Van Gulik écrivit sur le luth chinois à sept cordes (dont il jouait), sur les singes gibbons (qu'il adorait), sur l'art des peintures chinoises (qu'il collectionnait et qu'il dessinait lui-même), sur la vie sexuelle dans la Chine ancienne (par le biais de la littérature et de l'art). Ses principaux travaux furent publiés par les plus grandes universités.

Alors, pourquoi éditait-il lui-même dans de minuscules imprimeries, le plus souvent très mal équipées... des nouvelles qu'il distribuait, bien reliées, comme cadeau de Nouvel An, des histoires érotiques qu'il offrait à des amis très proches, des essais qu'il plaçait dans des librairies et un roman complet, *Le Jour de grâce* ?

Le Jour de grâce est un livre singulier parmi l'abondante œuvre que nous devons à la plume et au pinceau de van Gulik et il nous dévoile, avec une qualité rare, l'aspect le plus caché de cette personnalité multiple, son *hollandité*, inscrite dans ses gènes. Van Gulik, pour une fois, s'identifie à un de ses compatriotes, le M. Hendriks que nous venons de suivre.

Van Gulik écrivit et publia ce roman situé à Amsterdam en 1964, trois ans avant sa mort[1]. La version anglaise, fut éditée à titre privé à Kuala Lumpur, Malaisie. Il avait été ambassadeur des Pays-Bas dans ce pays et était sur le point de monter encore plus haut dans la hiérarchie. Il mourut ambassadeur des Pays-Bas au Japon, un poste particulièrement gratifiant dans la carrière diplomatique hollandaise. Le Japon n'était-il pas un facteur clef dans le développement mutuel de l'Orient et de l'Occident ? Mais le Japon n'était-il pas aussi un pays maléfique il n'y a pas si longtemps que cela ? Van Gulik séjournait au Japon lorsque la Seconde Guerre mondiale débuta. Il vit l'impact de l'attaque surprise sur Pearl Harbor, vécut au milieu du fasciste chauvin qui corrompait ses hôtes, fut évacué en Chine, à Chongqing, où les zeros japonais ne cessaient de bombarder et de mitrailler les populations civiles. Le Japon causa des ravages quotidiens dans la vie de van Gulik. Pendant ces années où les tâches officielles étaient réduites, il était obligé de perdre son temps dans des abris anti-aériens, vêtu d'une tunique chinoise car sa garde-robe avait brûlé. Lorsqu'il n'était pas un diplomate, van Gulik devenait un lettré oriental, furetant dans les librairies chinoises et apprenant à confectionner les rouleaux pour écrire. Mais il restait cependant hollandais.

Les Hollandais avaient été torturés dans les Indes Orientales. Les envahisseurs japonais les avaient fait passer d'un statut d'hommes supérieurs à celui d'esclaves. Ils étaient entassés dans des camps, constamment humiliés. Van Gulik aurait pu être l'un d'entre eux, comme beaucoup

1. À la fin du *Jour de grâce*, il est pourtant noté : Amsterdam, janvier 1963.

de ses amis ou de ses connaissances. Il avait passé huit ans à Java dans son enfance où il avait appris le malais, le javanais et le chinois tout en perfectionnant son hollandais à l'école élémentaire.

Qui est M. Hendriks ? En fait, c'est un stéréotype très répandu dans la Hollande d'après-guerre. Un homme né dans la région des polders, ces anciens marécages bordant la mer du Nord et protégés maintenant derrière des digues, qui devient, à force de travail, un fonctionnaire colonial, poursuit avec zèle une carrière sous les tropiques, perd tout, est rapatrié et traîne une existence désespérément grise. Van Gulik pousse son exemple jusqu'à l'extrême limite. Cette pathétique figure humaine brisée n'a plus de famille, a perdu même sa maîtresse et tout espoir pour le futur. Que Hendriks puisse se lever le matin, qu'il puisse supporter un travail ennuyeux toute la journée, qu'il ne succombe pas au confort destructeur du genièvre et aux faux sentiments si facilement accessibles dans toutes les villes hollandaises chez les femmes qui s'exhibent dans leurs vitrines éclairées au néon nous semblent un miracle.

Van Gulik, même dans ses moments les plus sombres était un optimiste. Il laisse à son héros une échappatoire potentielle, le don formidable que l'Orient offre à tous les Occidentaux : la réalisation du détachement. Non pas que Hendriks s'en rende vraiment compte, mais cette possibilité se développe tout au long du roman.

La plupart des hommes sont vainqueurs dans un des aspects de leur vie et vaincus dans d'autres. Van Gulik fut le plus souvent un gagnant. Comme diplomate, il atteignit le rang d'ambassadeur dans un pays important. Comme chercheur, il bénéficia de la reconnaissance internationale de ses pairs, fut fait professeur honoraire de très grandes universités, devint, avec les louanges de ses collègues, une autorité dans de nombreux domaines. Comme romancier, van Gulik gagna les faveurs du monde entier. Ses propres versions chinoises et japonaises de ses enquêtes du juge Ti se vendirent bien, prouvant ainsi l'authenticité remarquable de son travail. Les critiques de la presse internationale étaient positives et admiratives. Il était reconnu et respecté partout où il se rendait. Votre excellence dans une limousine avec chauffeur, décoré et anobli par la reine, bénéficiant d'exemptions fiscales, habitant dans des maisons patriarcales, père de quatre enfants zélés et intelligents, maintenant, qu'est-ce que notre personnage pouvait espérer d'autre ?

Il y avait aussi M. Hendriks. Lorsqu'il vivait à La Haye, van Gulik devait arpenter les rues froides et humides, boire du genièvre dans de petits cafés où personne ne le connaissait. Hendriks ne devait se montrer qu'à ces moments perdus mais c'est une chose qui nous arrive à tous, nous devenons un élément de notre environnement, affrontons le karma, les conséquences de ce que les nôtres ont fait de notre corps, dans le passé qui induit le présent. Le karma du groupe, comme conséquence personnelle d'actions individuelles, peut engendrer beaucoup de peine. Il n'y a pas de moyen d'échapper à cette douleur. Hendriks a tout perdu, sa carrière et sa famille, il ne lui reste qu'un corps qui transpire dans un manteau trempé, que l'illusion fugitive que peuvent donner quelques verres de genièvre bus à la hâte, chaque jour, en compagnie d'individus indifférents. Et si van Gulik était devenu un autre M. Hendriks comme cela aurait pu advenir, comme cela est advenu à certains de ses pairs avec lesquels il avait vécu dans les années d'avant-guerre. Aurait-il succombé à ce désastre tant national qu'individuel ? Serait-il devenu une épave, traînant des jours sans but ? La vie d'un perdant peut-elle aussi avoir un sens ? Peut-il en tirer des leçons pour que son esprit s'élève ?

Van Gulik a relevé ce défi et a écrit ce roman qui semble en opposition complète avec le reste de son œuvre.

Le Jour de grâce peut être lu comme un roman policier de plus. Il s'y passe beaucoup de choses, sur un rythme rapide ; il y a plusieurs mauvais gars ; certains d'entre eux meurent d'une façon particulièrement spectaculaire ou sont arrêtés. Van Gulik nous invite à voir toute la grâce sensuelle d'une femme, au long d'une scène étrange. À la fin, le bon gagne. Mais, gagne-t-il vraiment ? À la fin, M. Hendriks se retrouve à son point de départ, dans un logement misérable, avec une mauvaise santé et toujours le même travail ennuyeux. Comment peut-on gagner sans changer son destin ? Nous, Occidentaux, devons y parvenir ; si nous échouons, nous sommes des perdants. Aussi, Hendriks est un perdant.

Mais le sait-il lui-même ? Au temps de van Gulik, l'Occident avait à peine encore entendu parler des koans, les énigmes que les maîtres zens élaborent pour épingler l'omniprésente dualité avec laquelle l'Occident a appris à vivre. *La neige fond au sommet du mont Fuji* confie à Hendriks son tortionnaire japonais, un officier de la police militaire. Idiotie, comment la neige éternelle pourrait-elle fondre ?

Personne, en ces temps, n'avait encore découvert les confins que la psychologie moderne explore aujourd'hui et le but essentiel qui permet, à travers la destruction de l'ego, d'atteindre le calme, la distance, le bonheur ultime qui remet l'ego à sa juste place.

M. Hendriks n'aurait pas entendu parler de cela non plus si son destin n'avait pas fait éclater son ignorance et sa résistance. Tout comme son mauvais ange, l'ancien

191

disciple zen, Hendriks ne parvint pas à résoudre l'énigme dans la prison du camp. Le méchant repasse la question à sa victime avant d'être jugé comme criminel de guerre et pendu. Hendriks poursuit sa quête. Il a appris à donner plutôt qu'à prendre. Il a dû abandonner beaucoup de choses à Java où il a perdu sa vie agréable et sa liberté. Repart-il à zéro après sa libération ? Non, il se réfugie dans une position neutre, attendant de voir ce que le destin lui réserve. Et lorsque d'autres événements lui offrent la victoire, Hendriks se retire et gagne la paix de l'esprit. Il y a un autre aspect dans *Le Jour de grâce*. Van Gulik se teste dans des circonstances qu'il n'a pas vécues mais qu'il peut imaginer. Il ne se cache pas derrière le masque de son autre héros, le grand juge Ti, un personnage historique de la dynastie des T'ang qui vécut dans les turbulences de cette époque, devint un homme important de la cour du terrible empereur Wu et neutralisa ce souverain pervers, permettant ainsi au peuple chinois de mener une existence positive. Van Gulik abandonne aussi le masque de l'honorable diplomate, du chercheur célèbre, du romancier populaire.

Le Jour de grâce prit les critiques hollandais par surprise et fut le plus souvent jugé sévèrement. Ils ne comprirent pas ce qu'avait voulu exprimer l'auteur et, de dépit, vouèrent le livre au pilon.

Van Gulik mourut d'un cancer des poumons, une maladie qui le minait déjà lorsqu'il écrivait *Le Jour de grâce*. Hendriks tousse et frissonne souvent. Van Gulik avait mis un point final à son auto-analyse, mais le temps lui manquait. Certains signes, dans ce texte, montrent bien qu'il ne se préoccupait pas beaucoup des détails précis comme dans ses autres livres. Il abandonna même son style d'illustration inspiré de l'époque Ming qui avait influencé ses dessins pendant si longtemps. Il utilisa aussi ses connaissances du Coran, de cette pensée abstraite qui anime les ennemis de Hendriks, des âmes perdues, éloignées de la vérité par la perversion.

***

Je donnai des copies du manuscrit à certains de mes amis américains qui furent le plus souvent déçus. Ils voulaient une autre enquête chinoise, avec un juge qui joue des manches, un homme éclairé qui terrasse le mal avec l'aide de charmants assistants qui symbolisent les différents aspects de cette attitude pragmatique et positive qui a fait que la Chine dure depuis plus de quatre mille ans. La force de l'habitude. Ni plus, ni moins. Une fois que nous avons vu une chose, que nous l'aimons, nous désirons qu'elle se répète sans fin. Le développement artistique, cependant, est sujet à des changements. Picasso fut peintre pendant des années puis il s'essaya à cuire des pots. Gillepsie abandonna le jazz traditionnel pour le bop. Nous agissons ainsi nous-même ; nous pouvons nous tenir pendant des années à une recette à succès jusqu'à ce qu'une crise nous fasse changer de direction. Ce que nous faisons alors n'est peut-être pas facilement compréhensible ni apprécié par les autres. Van Gulik changea de musique tout en conservant certaines de ses motivations antérieures. On trouve des exemples d'énigmes zens dans les enquêtes du juge Ti, mais van Gulik n'en a jamais développé une aussi complètement que dans *Le Jour de grâce*. *M*. Hendriks verse de l'eau chaude dans sa théière et la glace du mont Fuji fond. Hendriks fait fondre sa propre coquille et trouve la réponse de l'énigme. Pourquoi ? Sans raison. Comment ? En faisant de son mieux.

Le juge Ti comprend cela aussi, dans les coins et les recoins particulièrement bien cachés des *traditionnelles* enquêtes de van Gulik. Le juge Ti est prisonnier du corset mental qu'impose le code de conduite de Confucius. Il ne veut pas entendre parler des divagations du bouddhisme ou de la négation du tao. Ti insiste sur l'ordre et déteste ces philosophies impraticables. Mais le juge a ses moments de faiblesse. Dans *Le Paravent de laque*, van Gulik note un poème bouddhiste que Ti lit et apprécie.

Être né signifie souffrance et peine,
Vivre signifie souffrance et peine,
Mourir, et ne jamais renaître, est la seule délivrance
De toute souffrance et de toute peine.

Triste ? Le juge Ti lui-même ne pense rien de tel car ce qui meurt alors, c'est le moi, cette vision étroite que nous nous faisons des choses. De la même façon, c'est le moi de M. Hendriks qui meurt lorsqu'il verse l'eau dans sa théière.

Le présent roman est épuisé, à l'exception de cette édition très limitée. Il n'a jamais été traduit dans de nombreuses langues étrangères comme le furent les autres livres de van Gulik. La version néerlandaise resta quelque temps en librairie jusqu'à ce que les critiques l'en chassent et la version anglaise, imprimée à compte d'auteur en Malaisie, ne fut jamais distribuée. Cette présente édition à 300 exemplaires va permettre de compléter quelques collections et atteindra peut-être un jour, en raison de sa rareté, une côte élevée.

Cela n'a pas beaucoup d'importance. L'éclairage que ce roman offre sur l'évolution d'un homme exceptionnel est plus importante.

La bibliothèque Mugar à Cambridge, Massachusetts, abrite une collection de papiers laissés par van Gulik. Une des boîtes en carton bleu contient des poèmes traduits du chinois et du japonais.

Lorsque je mourrai
Qui me pleurera ?
Uniquement les corbeaux noirs des montagnes peut-être
Qui sauteront autour de mes cendres froides.
Mais les corbeaux ne pleureront pas vraiment
Leur seul regret sera de ne pouvoir attraper les gâteaux
des funérailles
Protégés à l'intérieur de l'autel qui abrite ma tombe.

Peut-être les corbeaux ne seront-ils pas déçus après tout, s'ils comprennent une des autres paraboles traduites par van Gulik, s'ils parviennent à se glisser dans la faille cachée à l'intérieur de la contrainte d'avoir à choisir entre ceci ou cela.

Vous ne pouvez pas dire que le Tao existe
Et vous ne pouvez pas dire que le Tao n'existe pas
Mais vous pouvez le trouver dans le silence
Quand plus aucune action importante ne vous occupe.

Janwillem van de Wetering
Hiver 1983, Maine, États-Unis

Table des matières

Préface du traducteur – Une énigme hollandaise :
La quatrième vie de Robert Hans van Gulik 9
Note biographique 17

La fausse adresse 23
À travers un voile de verre 55
La neige du mont Fuji 85
Les sandales du Sheikh 99
Incendie sur le canal 115
Le Janus des escaliers 133
Le rendez-vous sur le Dam 155

Reconnaissance à Robert Van Gulik 165
Bibliographie 173
Post-scriptum à l'édition américaine de 1984 185

Ce volume,
le neuvième
de la collection « Domaine étranger »,
publié aux Éditions Les Belles Lettres,
a été achevé d'imprimer
en mars 2013
sur les presses
de l'imprimerie SEPEC
01960 Péronnas

Impression & brochage **sepec** - France
Numéro d'impression : 05425130360 - Dépôt légal : avril 2013
Numéro d'éditeur : 7613

IMPRIM'VERT®